酒店营销部

精细化管理与标准化服务

李 雯 编著

人民邮电出版社
北 京

图书在版编目（CIP）数据

酒店营销部精细化管理与标准化服务 / 李雯编著
. -- 北京 : 人民邮电出版社, 2016.4
ISBN 978-7-115-41872-2

Ⅰ. ①酒… Ⅱ. ①李… Ⅲ. ①饭店－商业管理②饭店
－商业服务 Ⅳ. ①F719.2

中国版本图书馆CIP数据核字(2016)第037258号

内容提要

互联网技术和大数据技术的快速发展，给酒店业带来了机遇与挑战。就酒店营销部来说，大数据带来的挑战和工作方式的变革是酒店管理人员，尤其是酒店营销管理人员不可回避的现实。

为了帮助酒店营销部在新形势下做好转型和精细化管理，提升竞争能力及内外部用户体验，本书从“精细化管理”和“标准化服务”两个角度出发，全面细化了酒店营销部的各大工作事项。全书采用图文并茂的形式，将酒店企划组、旅行社销售组、商务销售组、会议销售组、宴会销售组、预订业务组等部门的岗位设置、岗位职责、岗位绩效考核、工作程序、服务标准等一一展现。同时，为了方便读者开展相关工作，本书还给出了工作执行过程中所需的大量实用文书与表单。

本书适合酒店管理人员阅读，也适合作为酒店营销部一线人员的岗位培训教材和高校酒店管理专业的教材教辅。

◆编　　著　李　雯
　责任编辑　包华楠
　执行编辑　付微微
　责任印制　焦志炜
◆人民邮电出版社出版发行　　北京市丰台区成寿寺路 11 号
　邮编 100164　　电子邮件 315@ptpress.com.cn
　网址 http://www.ptpress.com.cn
　北京虎彩文化传播有限公司印刷
◆开本：787×1092　1/16
　印张：14.5　　2016 年 4 月第 1 版
　字数：311 千字　　2025 年10月北京第37次印刷

定　价：45.00 元

读者服务热线：（010）81055656　印装质量热线：（010）81055316
反盗版热线：（010）81055315

前言

互联网的快速发展，大数据的风起云涌，给传统的酒店业带来了机遇与挑战。有业内人士表示，酒店行业已经从“连锁时代”进入了“互联网时代”，急速扩张的互联网周边应用是酒店业未来发展的大势所趋。但是，不管技术手段如何先进，服务手段如何创新，在这个行业，一餐一宿的质量和品质依旧重要，甚至可以这么说，用户体验和服务正在成为酒店行业新的竞争重心。

紧跟潮流，不断创新，是“互联网+”大潮对酒店业提出的新挑战、新要求，酒店业在迎接这个挑战的过程中，除了要引入互联网思维、应用互联网技术，更要回归商业的本质，找到用户真正的痛点、痒点，为用户创造价值。

为了帮助酒店业做好转型、提升服务质量，顺利实现“互联网+”，普华经管联合弗布克管理咨询公司，从“**精细化管理**”和“**标准化服务**”两个最具价值也是酒店业在互联网时代转型突围的重要角度入手，开发了**《酒店财务部精细化管理与标准化服务》《酒店营销部精细化管理与标准化服务》《酒店餐饮部精细化管理与标准化服务》《酒店前厅部精细化管理与标准化服务》《酒店客房部精细化管理与标准化服务》**共五本图书。

五本图书分别阐述了酒店财务部、营销部、餐饮部、前厅部、客房部五个部门的管理事宜和具体工作开展的标准。同时，为了迎合当下酒店业转型和互联网+的趋势，加入了之前酒店管理类图书极少涉及的内容，比如大数据对酒店财务部管理的影响、餐饮部如何应用大数据、大数据在酒店前厅业务中的应用、互联网+对酒店营销工作的影响、移动互联网在客房部运营中的应用等。

《酒店营销部精细化管理与标准化服务》一书对大数据时代酒店营销部的运作趋势进行了分析，并从新形势出发，对酒店营销部的**岗位设置、岗位职责、绩效目标、工作程序、关键问题**逐一展开论述。

岗位设置：针对酒店营销部提供的每一项服务，设定相应的服务岗位，明确岗位名称、岗位数量和层级关系。

岗位职责描述：针对酒店营销部每一个具体的工作岗位，对岗位职责予以详细描述，明确任职者的具体工作事项和在组织中所处的位置。

岗位绩效考核：针对酒店营销部每一个具体的工作岗位，设计考核内容、考核指标及目标值，以便于管理人员、人力资源部开展绩效考核评价工作。

工作程序设计：针对酒店营销部日常工作，均进行工作程序和步骤设计，设定明确、具体的服务目标，并就关键问题点进行特别提醒和说明。

服务标准说明：针对酒店营销部每项具体工作要达到的要求，给出详尽的服务标准和规范，让读者清楚每项工作应达到的标准。

文书表单制定：针对酒店营销部的每项工作，给出执行过程中所需的文书与表单，方便读者参照使用。

问题解决方案：针对酒店营销人员在工作中经常会遇到的问题，给出了具体的解决方案，帮助酒店营销人员解决现存的问题、预防可能发生的问题。

在本书编写过程中，彭召霞、孙立宏、刘井学负责资料的收集和整理，贾月、邹霞、贾晶晶负责图表的编排，姚小风负责编写本书的第一章，刘俊敏负责编写本书的第二章，宋丽娜负责编写本书的第三章，高春燕负责编写本书的第四章，陈里负责编写本书的第五章，毛文静负责编写本书的第六章，阎晓霞负责编写本书的第七章，全书由李雯统撰定稿。

目录

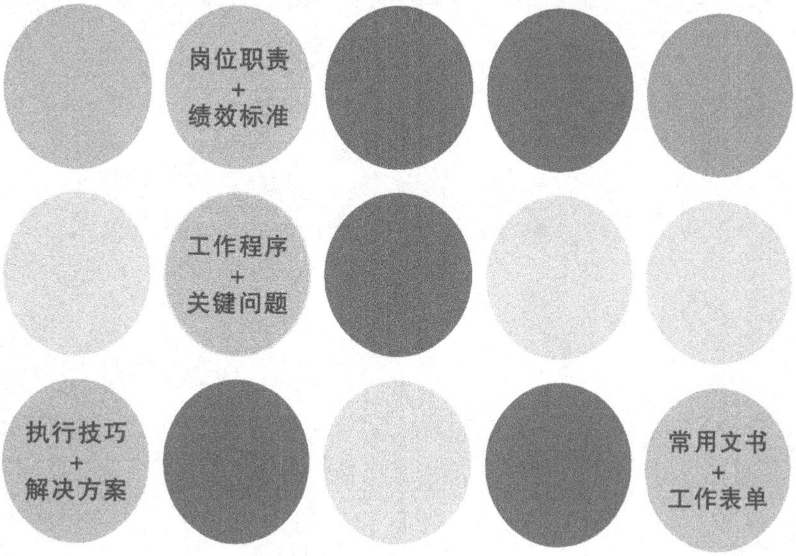

第一章

营销部岗位设置与规范制度设计

第一节 营销部服务事项与岗位设置

一、“互联网 +”对酒店营销服务的影响

如今，“互联网 +”被大众广为关注。所谓“互联网 +”战略，就是利用互联网的平台及信息通信技术，将互联网和传统行业结合起来，在新的领域创造出一种新的生态。

“互联网 +”改变并影响了多个行业，如电子商务、互联网金融、在线旅游、在线影视等。鉴于“互联网 +”对传统行业的变革作用，如何利用互联网、大数据开展营销活动已成为酒店迫切需要关注及探讨的问题，这也促使酒店营销部的服务事项产生了一些变化。

（一）大数据分析及应用

大数据分析可以为酒店营销目标的制定、营销活动的调控等工作决策提供依据。因此，酒店营销部应不断收集、累积大数据资源，将大数据运用逐步完善和深化。

（二）互联网营销

很多酒店都致力于通过互联网元素的加入和智能化设备的改造来提升在线营销的效率，提高粉丝活跃度和客户黏性。通常，酒店“互联网 +”线上营销渠道的“标准配置”有官方网站、微博、微信和 APP 等。

（1）官方网站。官方网站是酒店在互联网上的一个窗口，起到了企业名片的作用，它比传统的杂志、电视、报纸和其他广告形式的营销渠道更能体现出成本效益。

（2）微博。微博的实时实地性可以促进酒店与客户更及时、便捷地沟通，以用较低的成本达成营销目的。这种及时性与便捷性已让微博逐渐成为一种新兴的营销渠道。

（3）微信。随着微信的应用及其用户人数的增加，其已成为大众使用率较高的一种沟通和分享平台，这就让基于微信平台的酒店在线营销体系变得尤为重要。

（4）APP。伴随着高端智能手机用户的快速增长，其带动了包括酒店业在内的各类“移动应用”的快速及多样化发展，酒店 APP 营销也逐渐成为营销人员的重要工作之一。

二、营销部服务事项

服务事项	服务工作任务	服务工作任务描述
1. 开展企划、公关活动	（1）企划工作	按照酒店年度市场营销策略编制年度市场调研及广告计划
		根据市场调研计划编制市场调研实施方案，并按照方案执行
		根据市场调研结果编制目标市场的企划方案、广告投放方案等，并组织实施
	（2）公关工作	按照酒店年度市场营销策略编制年度公关活动计划
		根据酒店年度公关活动计划策划、组织酒店公关活动，通过公关活动取得公众的信任与支持，扩大酒店的知名度、提高酒店的美誉度
		维护与政府相关、行业主管单位及各大媒体的公共关系，建立并保持与重要客户的良好合作关系
2. 销售酒店产品	（1）旅行社销售	针对旅行社开展市场调研活动，收集客户信息，并根据收集到的信息分析结果和酒店年度销售计划制订旅行社销售计划
		实施旅行社销售计划，完成旅行社业务销售指标
		保持与各大旅行社的良好关系，为其提供报价、预订、确认、更改和取消服务，及时解决各大旅行社反映的问题
	（2）商务业务销售	开展酒店商务业务市场调研，并根据酒店年度销售计划与酒店商务业务市场调查结果制订酒店商务业务销售计划
		组织商务组销售人员实施商务业务销售计划，完成酒店商务业务销售指标
		开发企事业单位、协会组织等商务客户，维持酒店与这些客户的良好合作关系

（续）

服务事项	服务工作任务	服务工作任务描述
2. 销售酒店产品	（3）会议销售	负责酒店会议销售市场调研工作，并根据酒店年度销售计划和酒店会议市场调研结果制订酒店年度会议销售计划和目标
		实施会议销售计划，完成酒店会议业务销售指标
		定期走访各类客户，包括企事业单位和各类协会组织，做好会前准备、会中服务和会后跟踪等工作
		及时征求客户对酒店会议服务的意见，并做好跟进与反馈工作
	（4）宴会销售	组织开展宴会销售市场信息的收集工作，并根据市场信息收集结果和酒店年度销售计划制订酒店宴会年度销售计划
		通过各种途径宣传酒店宴会服务业务，开展销售工作，完成酒店宴会业务销售指标
		与餐饮部相关人员协调做好宴会服务工作，以保证宴会活动顺利进行，提升客户对宴会服务的满意度
		及时处理客户对宴会预订和宴会服务的投诉，提出宴会服务改进建议
3. 处理预订信息	（1）制订预订工作计划	根据酒店的年度销售计划制订预订工作计划，明确预订工作目标
		分解预订工作计划，将工作计划落实到预订处每个人员身上
	（2）为客户提供预订服务	负责客户的预订、改订、取消预订等工作，沟通协调有关部门，及时传达各类预订信息，保证服务质量
		分析客户预订信息，并及时将分析结果提供给企划人员和销售人员，以便他们更好地开展后续工作
		统计整理各类销售、预订信息，及时归档

三、营销部岗位设置

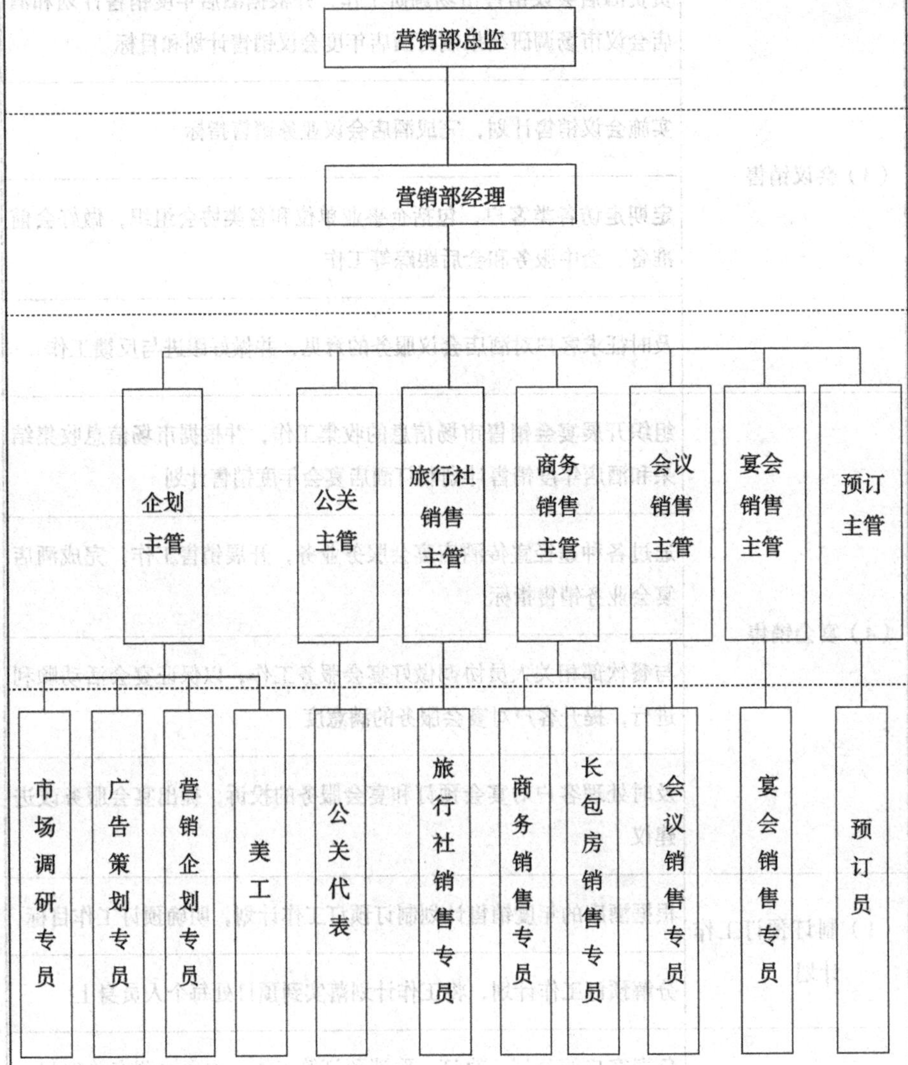

营销部岗位设置	人员编制
	总监级____人
	经理级____人
	主管级____人
	员工级____人
相关说明	

第二节　营销部岗位职责描述

一、营销总监岗位职责

岗位名称	营销总监	所属部门	酒店高层	编　　号	
直属上级	总经理	直属下级	营销部经理	晋升方向	

所处管理位置

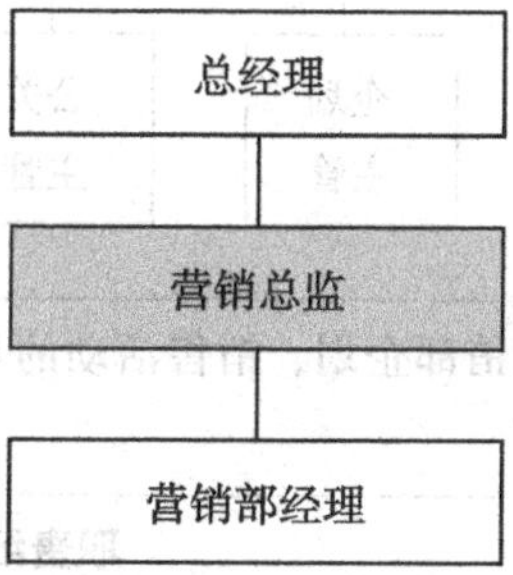

职责概述	全面负责酒店营销部门的企划、销售工作，保证酒店营销战略目标的达成	
职　　责	**职责细分**	**职责类别**
1. 制度建设及费用管理	（1）制定营销部管理制度、工作程序，并监督贯彻实施	周期性
	（2）严格按开支范围和标准控制酒店营销部经费开支，包括市场调研经理、销售经费、公关活动经费等，监督各项经费的使用情况	日常性
2. 制定营销战略与计划	（1）根据酒店总体经营战略，制定酒店市场战略与销售策略	周期性
	（2）根据酒店市场战略与销售的需要，指导企划主管编制线下营销、自媒体营销等各种方案，指导公关主管编制公关计划	周期性
	（3）根据酒店市场战略与销售策略，组织各销售主管编制酒店各分项销售计划	周期性
3. 组织开展市场营销活动	（1）组织并监督销售人员开展销售工作，确保销售目标的达成	日常性
	（2）督促各类营销、公关活动按计划开展，达成酒店营销的战略目标	日常性
	（3）指导拟定酒店的广告策划案，并对酒店的广告宣传工作给予指导和监督	日常性
4. 营销队伍建设	（1）根据酒店营销工作需要，参与营销部经理及副经理的选聘与考核	特别工作
	（2）合理构建酒店的销售队伍，核准各销售主管的任免提议	特别工作
	（3）定期组织开展营销部各级管理人员的能力培训工作，提升下属人员的工作技能	周期性

二、营销部经理岗位职责

<table>
<tr><td>岗位名称</td><td>营销部经理</td><td>所属部门</td><td colspan="2">营销部</td><td>编　号</td><td></td></tr>
<tr><td>直属上级</td><td>营销总监</td><td>直属下级</td><td colspan="2">企划主管、公关主管、销售主管、预订主管</td><td>晋升方向</td><td></td></tr>
<tr><td>所处管理位置</td><td colspan="6">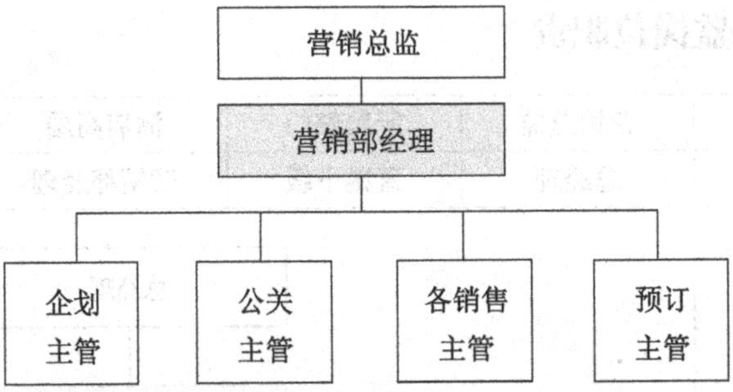
</td></tr>
<tr><td>职责概述</td><td colspan="6">负责酒店营销部企划、销售活动的具体展开工作，保证营销部门工作计划的全面完成</td></tr>
<tr><td>职　责</td><td colspan="5">职责细分</td><td>职责类别</td></tr>
<tr><td rowspan="2">1. 营销策略的制定与落实</td><td colspan="5">（1）分解销售任务，向下属销售主管布置销售任务，并指导执行</td><td>周期性</td></tr>
<tr><td colspan="5">（2）协同其他部门，根据市场和酒店的实际情况，制定合适的价格策略和产品组合方案</td><td>周期性</td></tr>
<tr><td rowspan="3">2. 组织实施营销、公关活动</td><td colspan="5">（1）指导各销售组人员开展销售工作，并予以检查，确保销售目标按期实现</td><td>日常性</td></tr>
<tr><td colspan="5">（2）按营销、公关活动计划组织开展各项营销、公关活动，确保达成酒店预期目标</td><td>周期性</td></tr>
<tr><td colspan="5">（3）监督并指导酒店广告计划的执行，保证酒店广告的到位、高效</td><td>特别工作</td></tr>
<tr><td rowspan="2">3. 客户管理</td><td colspan="5">（1）组织、监督下属按时完成客户走访与关系维护，及时处理客户意见</td><td>日常性</td></tr>
<tr><td colspan="5">（2）组织建立客户档案系统，及时督促相关人员及时整理并做好客户档案归档、调阅与保管等工作</td><td>日常性</td></tr>
<tr><td rowspan="2">4. 下属管理</td><td colspan="5">（1）组织开展各销售主管的培训工作，不断提高各主管的销售技能与管理能力</td><td>周期性</td></tr>
<tr><td colspan="5">（2）监督、指导各销售主管的日常工作，对他们的工作绩效进行考评</td><td>日常性</td></tr>
</table>

第三节　营销部岗位考核量表

一、营销总监绩效考核量表

序号	考核内容	考核指标及目标值	考核实施	
			考核人	考核结果
1	完善营销工作制度及程序	营销工作制度与程序齐全、无缺失		
2	按时提交年度营销计划及营销费用预算	年度营销计划按时提交率达 100%		
		营销费用预算书按时提交率达 100%		
3	按计划组织开展各类营销活动、销售工作	销售额达到____万元		
		公关活动 100% 按计划开展		
		微信微博粉丝数超过____万人		
4	营销费用控制	营销费用实际发生额不超出预算		

二、营销部经理绩效考核量表

序号	考核内容	考核指标及目标值	考核实施	
			考核人	考核结果
1	酒店营销策略的制定与落实	各类营销策略与方案提交一次性通过率达到____%		
		酒店高层领导对酒店营销策略的满意度评分在____分以上		
2	组织开展各类营销活动、销售工作	销售额达到____万元		
		公关活动 100% 按计划展开		
		新增微信微博粉丝数超过____万人		
3	指导并监督各销售主管的日常工作	各销售主管的考核平均分达到____分		

第四节 营销部服务标准与服务规范

一、营销服务质量标准

<table>
<tr><th colspan="2">酒店营销部服务标准与服务规范文件</th><th>文件编号</th><th></th><th>版本</th><th></th></tr>
<tr><td>标题</td><td>营销服务质量标准</td><td>发放日期</td><td colspan="3"></td></tr>
<tr><td colspan="6">酒店的营销服务人员在为客户提供营销服务时，应遵循以下质量标准。
1．营销管理质量标准
（1）在进行销售时，要做好充分的准备工作，仪表仪容得体，并要携带酒店宣传资料和个人名片。
（2）在拜访客户时，要礼貌热情，详细询问客户对酒店的服务改进意见，并认真记录。
（3）客户拜访情况报告填写要及时，重要信息要记录在案。
（4）客户的服务改进建议以及其他信息要定期反馈给酒店的相关部门，投诉处理要在 1 个工作日内给出答复。
2．预订工作质量标准
（1）接受客户电话、书信、电报、电传、上门等各种形式的预订，营销服务人员要服务规范，程序完善。
（2）营销服务人员要严格掌握客房周转情况、客房设备的完好程度以及近期客流量等，合理接受预订，保证预订人数不超过酒店的服务能力。
（3）做好预订资料和客史档案的收集存档工作，做好各种接待工作和折扣优惠工作。
（4）及时根据客房出租率预报，调整促销策略，确定近期促销重点。
3．宣传广告管理质量标准
（1）在制定宣传广告前，要尽可能收集到所有竞争酒店以及其他酒店广告资料。
（2）酒店的宣传广告要框架构思独特、文字说明简洁。
（3）广告宣传制作完成后，要广泛征集相关人员的意见，并要根据合理可行的意见进行修改。
（4）广告宣传正式启用前，要提交相关领导审核，以保证广告宣传的制作质量。
4．贵宾（VIP）接待质量标准
（1）在接待贵宾时，营销服务人员要注意仪容仪表、礼节礼貌，接待要热情周到。
（2）要根据各级贵宾的身份，提供相应的接待规格和内容。
（3）全程陪同贵宾，及时反馈情况。
5．营销合同管理质量标准
（1）各种营销合同标准样本统一、规范。
（2）营销合同双方名称、法定地址、法人代表、有效期、双方权利义务职责、结算方式、附列条款等内容要列举清楚，避免使用可能产生歧义的词汇。</td></tr>
</table>

（续）

<table>
<tr><td colspan="6">（3）营销合同双方代表签署合同后，盖章生效。
（4）营销合同要及时归档，统一保管。
6．客户档案管理质量标准
（1）建立客户档案时，要详细填写客户的消费数据信息。
（2）客户档案要有专人保管，并要定期清理。
（3）要有专人进行档案跟踪，这样便于酒店有关部门开展促销工作。
7．办公室管理质量标准
（1）在营销服务办公室，要做到有岗、有人、有服务。
（2）上岗人员按酒店规定着装，做到仪容仪表整洁、大方。
（3）保持办公室环境卫生，办公物品要摆放有序。
（4）保持办公室设施设备运转正常，清洁完好。
（5）遵守酒店纪律和各项规章制度。
（6）做好交接班工作，交接工作日志要填写详细、清楚。
（7）营销管理人员加强现场管理和督导，加强工作考核。</td></tr>
<tr><td>签阅栏</td><td></td><td colspan="4">签收人请注意：在此签字时，表示您同意下述两点。
1．本人保证严格按此文件要求执行。
2．本人有责任在发现问题时，第一时间向本文件审批人提出修改意见。</td></tr>
<tr><td>相关说明</td><td colspan="5"></td></tr>
<tr><td>编制人员</td><td></td><td>审核人员</td><td></td><td>审批人员</td><td></td></tr>
<tr><td>编制日期</td><td></td><td>审核日期</td><td></td><td>审批日期</td><td></td></tr>
</table>

二、酒店介绍服务标准

<table>
<tr><td colspan="2">酒店营销部服务标准与服务规范文件</td><td>文件编号</td><td></td><td>版本</td><td></td></tr>
<tr><td>标题</td><td>酒店介绍服务标准</td><td>发放日期</td><td colspan="3"></td></tr>
<tr><td colspan="6">酒店的营销服务人员在向客户现场介绍酒店时，可以按照下列程序和标准执行。
1．现场介绍酒店的操作程序
（1）约定时间
① 检查参观场地和预订情况，尽量将酒店介绍工作安排在酒店非经营高峰时进行。
② 与客户约定一个双方都感觉方便的时间。
（2）准备工作
① 准备好酒店宣传资料、名片等销售工具。</td></tr>
</table>

（续）

<table>
<tr><td colspan="6">

② 在进行现场介绍酒店之前，对客户所要经过的地方进行检查。

③ 将情况通知大堂经理及各有关岗位。

（3）参观

① 预计客户的到达时间，带好上述工具至前台迎候。

② 向客户介绍参观路线，征求他们的意见，并根据他们的需求及时进行调整。

③ 按参观路线进行参观，向客户现场介绍酒店情况，比如各类服务设施、营业时间、产品优势、销售政策等。

④ 分发酒店宣传资料。

⑤ 如果客户有时间，可邀请他们去酒店接待室喝饮料并稍作休息。

⑥ 对客户提出的意见和建议及时做好记录。

⑦ 如果客户有意向签订合作协议，则按要求与之签订“商务散客订房协议书”。

（4）送客

① 向客户致谢，并询问是否还有其他要求。

② 将客户送出酒店大门。

③ 填写“销售工作报告”。

2. 现场介绍酒店的操作标准

（1）营销部销售专员应做到衣着得体、仪容端庄、落落大方、不卑不亢。

（2）在进行介绍时，要使用普通话，不能使用方言。

（3）尽量用姓氏称呼客户（整个介绍过程至少用姓氏、职衔称呼客户 3 次）。

（4）各类酒店宣传资料提前准备充分。

（5）当天整理访问资料并填写“销售工作报告”。

（6）携带纸笔，随时记录客户要求。

（7）签订协议必须严密、准确、清楚，双方经办人签字、双方单位盖章，酒店方的公章事先盖好。

（8）主动上门的客户由营销部销售专员接待，如果需要签订协议，应请营销总监与之洽谈。

</td></tr>
<tr><td>签阅栏</td><td></td><td colspan="4">签收人请注意：在此签字时，表示您同意下述两点。
1. 本人保证严格按此文件要求执行。
2. 本人有责任在发现问题时，第一时间向本文件审批人提出修改意见。</td></tr>
<tr><td>相关说明</td><td colspan="5"></td></tr>
<tr><td>编制人员</td><td></td><td>审核人员</td><td></td><td>审批人员</td><td></td></tr>
<tr><td>编制日期</td><td></td><td>审核日期</td><td></td><td>审批日期</td><td></td></tr>
</table>

第五节 营销部精细化管理制度设置

一、营销部员工工作纪律守则

制度名称	营销部员工工作纪律守则			受控状态	
				编　号	
执行部门		监督部门		考证部门	

第1章 总则

第1条 为了规范酒店营销部员工行为，提高部门工作效率，特制定本守则。

第2条 营销部员工应该坚持勤勉、团结、坚韧的工作态度，以服务社会、服务客户、服务企业为工作宗旨。

第3条 本守则适用于酒店营销部所有员工。

第2章 日常工作纪律

第4条 严格考勤制度，每日上岗、外出销售必须签到，如果由于工作原因不能及时签到，则必须提前通知部门管理人员。

第5条 离开部门办公室去酒店营业场所内办事，需将所去位置告知其他同事。

第6条 上岗必须穿工服，外出销售可穿便服，但也应该着正装，回酒店应立即换上工服。

第7条 非工作原因去酒店大堂不得走酒店正门，应走员工通道。

第8条 不陪客户时，严禁使用电梯。

第9条 使用礼貌用语，接电话先说："您好，酒店营销部"，有客户来访应主动起立问候并奉欢迎茶，遇见酒店领导和其他部门同事要主动问好。

第10条 无紧急事件不许在办公室打私人电话，接听私人电话时间不超过五分钟。

第11条 补休、事假必须提前报经理审批，严禁先休后报，病假必须出示医生证明，并到医务室办理相关手续。

第12条 有事补休要将手上工作交待给当日值班的同事，在有自联团队和跟办活动期间，不许补休。

第3章 外事纪律

第13条 严格遵守执行国家及酒店的外事规定和要求。

第14条 坚持"外事无小事"的原则，遇事多请示、多汇报，不得擅自表态。

第15条 参加销售活动时，必须衣着整齐，文明卫生、对人热情、不卑不亢，做到有理、有利、有节。

第16条 在销售谈判及合作中不得进行私下交易，应站在酒店的立场上，维护酒店利益。

第17条 不得接受贿赂，不得接受贵重礼品及回扣。

（续）

第 18 条　享用工作餐时，不得饮用烈酒，不得要价格昂贵的菜肴，不得吸烟，尊重对方的民族风俗习惯。

第 19 条　不能利用工作时间办私事。

第 20 条　每次销售活动中都要本着友好合作的原则，争取达成共识。

第 4 章　附则

第 21 条　本守则由人力资源部拟订，经总经理审批通过后颁布生效。

第 22 条　本守则最终解释权归人力资源部。

签阅栏		我已收到《营销部员工工作纪律守则》（编号：×××），并认真阅读完毕。我同意遵守守则中的相关规定，也同意酒店有权根据实际的经营情况修改本守则。			
相关说明					
编制日期		审核日期		批准日期	
修改标记		修改处数		修改日期	

二、营销部员工出差管理制度

制度名称	营销部员工出差管理制度			受控状态	
				编　　号	
执行部门		监督部门		考证部门	

第 1 章　总则

第 1 条　目的。

为实现酒店的经营目标，培养营销部员工廉洁、勤勉、守纪的精神，特制定本制度。

第 2 条　办理程序。

1. 出差前填写“出差申请单”，期限由派遣主管按需予以核定，并按程序审核。

2. 凭“出差申请单”向财务部预支定额的差旅费。

3. 返回后 1 周内填具“出差旅费报告单”，并结清暂付款。

第 3 条　审批程序和权限。

1. 国内审批。1 日以内由经理核准，超过 1 日由总经理核准；经理级（含经理级）以上人员一律由总经理核准。

2. 国外审批。一律需由总经理核准。

第 4 条　特殊情况处理。

1. 出差行程中除特殊情况外一般不得报销加班费，假日出差可按规定加薪。

2. 除因公务、疾病或意外灾害需经主管允许延时外，不得借故延长出差时间，否则不予报销差旅费，并依情节轻重给予纪律处分。

（续）

第2章　国内出差

第5条　国内出差的差旅费分为交通费、住宿费、伙食补助、杂费以及特别费用（如交际费用）等。

1．交通费需依票根或发票（如出租车发票）认定，车票丢失者应说明丢失原因，使用酒店交通工具者不支付交通费。

2．住宿费需依凭证按上述标准核报，本酒店备有住宿场所时不支付住宿费。

3．伙食补助应依支付标准报销，但由酒店供应餐食或已报销交际费者，不再支付。

4．杂费依有关规定支付。

5．特别费用依凭证核报。

第6条　出差返回超过午夜12时者，可在标准外增发交通费和餐费××元。

第7条　杂费及伙食补助计算标准。

1．出差杂费按离开酒店所在地实际天数计，超过10小时不足1天者按1天计，不足10小时者不计。

2．于上午7时前出差者，应报销早餐费，于下午1时后返还者报销午餐费，于晚上7时以后返还者报销晚餐费。

3．出差1日者不受以上标准限制。

第8条　随同高职人员出行的低职人员，伙食补助、住宿费可按高职人员出差旅费标准支付。

第9条　因时间急迫或合理成本考虑而需搭乘飞机时，须经总经理核准。

第10条　因时间急迫或交通不便根据业务需要必须乘坐出租车时，须经经理同意。

第3章　国外出差

第11条　国外出差的差旅费分为交通费、生活费及特别费，支付标准如下。

1．出国人员如果夜间恰在旅途中，则不得报销住宿费。

2．报销交通费凭车船机票，住宿费凭发票。

3．特别费报销方法同国内出差。

4．接受招待或报销交际费者，核减相应的餐费。

第12条　员工派赴国外受训、考察，其食宿由其他酒店安排者，每日支付生活费××元。

第13条　出国人员除因公所花的交际费、应酬费，除由总经理核准由酒店开支的部分外，多余部分一概由个人负担。

第14条　出国人员计划外的行程，交通费须由总经理核批，方可报销。

第15条　出国人员出国前，应提前填写出国申请计划书，并于回国后10日内提交出国人员工作报告。

签阅栏		我已收到《营销部员工出差管理制度》（编号：×××），并认真阅读完毕。我同意遵守制度中的相关规定，也同意酒店有权根据实际的经营情况修改本制度。			
相关说明					
编制日期		审核日期		批准日期	
修改标记		修改处数		修改日期	

三、营销部档案资料管理规范

<table>
<tr><td rowspan="2">制度名称</td><td colspan="3" rowspan="2">营销部档案资料管理规范</td><td>受控状态</td><td></td></tr>
<tr><td>编　　号</td><td></td></tr>
<tr><td>执行部门</td><td></td><td>监督部门</td><td></td><td>考证部门</td><td></td></tr>
</table>

第 1 章　总则

第 1 条　目的。

为规范营销部档案资料的管理，使营销资料及档案程序化、流程化，维护营销档案资料的完整性，做好档案资料的保密，特制定本规范。

第 2 条　适用范围。

本规范适用于营销部客房档案、营销活动档案、业务档案等资料的管理。

第 2 章　客户档案管理

第 3 条　协议客户档案资料。

1．协议客户的档案可按照客源的类别进行分类归档（商务协议客户、旅行社协议客户）。

2．按照公司名称的第一个字的汉语拼音进行排序整理。

3．对各类协议进行电脑录入工作，可以按照各种途径进行搜索归类，同时便于电脑完成各种数据分析报告。

第 4 条　熟客客史资料建立。

对于酒店的常客，应建立特殊档案资料，内容含客户姓名、出生年月、喜爱的房间、特殊爱好、个人禁忌等。根据客户姓氏的汉语拼音进行排序。

第 3 章　大型活动档案管理

第 5 条　会议档案管理。

以月为单位，根据宴会或会议通知书的日期进行归档。每月整理一份统计表，内容包含会议名称、入住日期、离店日期、房间数量及价格、会场地点及价格、用餐标准及数量等。

第 6 条　公关活动档案管理。

为酒店的宣传推广而进行的各类公关活动，以月为单位根据活动的种类进行归档。

第 4 章　部门业务档案管理

第 7 条　销售日报管理。

1．销售日报是销售人员在工作日内对外销售拜访的工作记录。销售日报的内容包括公司名称、公司地址、联系人、拜访情况等。

2．每日下班前，由销售人员将销售日报填好后交给各销售组主管处，由主管统一收集当日的销售日报后交到营销部副经理处。

3．根据营销部副经理阅后签批的意见明确让每个销售人员跟进以后归档。文件归档以不同的销售人员为单位进行归档。

第 8 条　销售月报管理。

销售人员每月 5 日前需递交销售月报，内容含当月的业绩统计、当月销售拜访的数量、当月新开

（续）

发客户数量、当月客户意见和建议。 第 9 条　销售拜访计划。 每周五前销售人员要提前对下周的工作拜访进行计划安排，并在周五下班前统一交到各销售组主管处，由主管交营销部副经理审核，并以销售人员的名义为单位进行归档处理。 第 10 条　部门月度经营总结报告管理。 每月 5 日前以部门为单位总结当月的营销状况及下月的工作计划，并以邮件的方式发送至相关部门，打印每月的月报进行归档。 **第 5 章　档案资料的保管和使用** 第 11 条　公用资料，不涉及商业机密的资料可由销售专员领取和使用。 第 12 条　机密的档案资料如酒店的经营分析数据等未经部门总监同意不得擅自借用。 第 13 条　本部人员的客户资料查阅必须当天归还，不得带出办公室。 第 14 条　外部人员借阅有关资料，须经部门总监认可，并办理借阅手续，重要资料必须当天归还。					
签阅栏		我已收到《营销部档案资料管理规范》（编号：×××），并认真阅读完毕。我同意遵守规范中的相关规定，也同意酒店有权根据实际的经营情况修改本规范。			
相关说明					
编制日期		审核日期		批准日期	
修改标记		修改处数		修改日期	

四、营销部营业月报管理规范

制度名称	营销部营业月报管理规范			受控状态	
				编　号	
执行部门		监督部门		考证部门	
第 1 章　总则 第 1 条　为了能够准确、及时掌握酒店营销工作的进度和效果，要求营销部将每月的工作成果编制成营业月报，予以汇报，特制定本规范。 第 2 条　每月 5 日前由营销部根据各类数据报告整理 1 份上月的营业月报并呈报总经理室。 **第 2 章　营业月报内容** 第 3 条　当月客房经营分析表。 1. 以表格数据说明当月客户入住的房间总数、开房率、平均房租、总收入等，以及去年同期的数据比较。客源结构分为上门散客、商务散客或签约、订房公司散客、会议团队、旅游团队或散客等。另外以文字形式分析总结当月经营状况的原因和结果。 2. 以表格数据说明当月的客源结构状况，含国籍、人数、百分比等的数据，以及去年同期的对比					

（续）

数据。另外以文字形式分析总结这种客源结构的原因和结果。

3. 以表格数据说明当月的客户排行榜情况（前30名），内容含排行的序号、公司名称、当月的累计房晚数、公司地点、经营项目、销售跟进人等。

4. 以数据表格说明对比上月排行榜客户的流失情况，并以文字内容说明造成客户流失的原因。

第4条　当月餐饮营业分析。

1. 以表格数据说明当月的中餐厅或西餐厅的经营状况，含消费项目、当月累计消费金额及百分比、当月平均上座率、人均消费金额、累计消费人数、日均消费金额以及去年同期和上月同期数据比较。

2. 当月中餐或西餐消费分析，含来客的消费情况、餐饮人员用餐预订统计以及上月同期的数据比较。

3. 客户消费排行榜的数据统计，含公司（个人）名称、当月累计消费金额、上月累计消费金额。

4. 当月会议的统计分析，含会议名称、会议日期、会议地点、会议场租以及当月累计。

5. 当月宴席消费统计分析，含公司名称、宴席日期、用餐标准、累计消费额等。

第5条　销售拓展分析。

1. 以数据表格统计当月各销售人员的业绩状况，内容含销售人员的姓名、当月累计房晚数、部门排名、消费客户的数量及百分比、新客户的消费比例及百分比、上月数据比较等。

2. 销售人员的业务拓展分析，含各销售人员当月新签协议客户或挂账客户、个人累计签约客户或挂账客户占部门总签约客户的比例等。

3. 销售人员客户宴请记录及分析，含被宴请人姓名、职位、宴请目的、宴请金额、消费地点、累计宴请金额等。

第6条　客户建议和建议汇总分析。

由销售人员根据客户在酒店消费过程中提出的投诉意见和建议进行汇总，并根据内容提出整改意见。

第7条　竞争对手情况分析。

以表格的方式列出酒店竞争对手的客房出租状况，含当月开房总数、当月平均开房率、当月平均房租以及各相关部门的营业状况，含营业收入等。

第8条　下个月的工作计划安排。

根据酒店下达的经营指标进行各种工作计划安排，含下个月的经营前景预测、下个月的工作备忘录等。

签阅栏		我已收到《营销部营业月报管理规范》（编号：×××），并认真阅读完毕。我同意遵守规范中的相关规定，也同意酒店有权根据实际的经营情况修改本规范。			
相关说明					
编制日期		审核日期		批准日期	
修改标记		修改处数		修改日期	

五、营销部交际宴请管理制度

<table>
<tr><td rowspan="2">制度名称</td><td colspan="3" rowspan="2">营销部交际宴请管理制度</td><td>受控状态</td><td></td></tr>
<tr><td>编　　号</td><td></td></tr>
<tr><td>执行部门</td><td></td><td>监督部门</td><td></td><td>考证部门</td><td></td></tr>
<tr><td colspan="6">第 1 条　为加强营销部交际宴请的监督管理，规范销售人员的宴请行为，特制定本制度。
第 2 条　在达到规定标准的交际场合中，销售人员可随时在酒店大堂、酒吧、咖啡厅、西餐厅以咖啡、茶及点心等来款待客户，而无须先获营销部经理的批准，但事后须向其汇报。
第 3 条　凡遇到需以餐宴的形式款待客户的情况时，销售人员必须事先根据实情填写宴请申请单并获得营销部经理及酒店总经理批准后方可宴请。
第 4 条　宴请客户时使用康乐设施的，除门券外，均需填写宴请申请单，经营销部经理及总经理批准方可宴请。
第 5 条　销售人员在宴请客户时须严格遵守酒店制度，宴请时须将总经理签批的宴请单交营销部经理，以最低的成本达到最佳的效果。销售人员不可刻意享受，也不可鼓励客户乱点食品和酒水。
第 6 条　酒店规定不得在酒店范围外款待客户。若有非常特殊的原因，销售人员要先征得营销部经理批准并于事后补填宴请单，并将正式发票送交财务总监以便报销。
第 7 条　销售人员必须将任何重要交际宴请情况向营销部经理进行汇报，若有非常特殊的原因，营销部经理或其助手必须出席此种场合以维护酒店的形象。</td></tr>
<tr><td>签阅栏</td><td></td><td colspan="4">我已收到《营销部交际宴请管理制度》（编号：×××），并认真阅读完毕。我同意遵守制度中的相关规定，也同意酒店有权根据实际的经营情况修改本制度。</td></tr>
<tr><td>相关说明</td><td colspan="5"></td></tr>
<tr><td>编制日期</td><td></td><td>审核日期</td><td></td><td>批准日期</td><td></td></tr>
<tr><td>修改标记</td><td></td><td>修改处数</td><td></td><td>修改日期</td><td></td></tr>
</table>

六、营销部销售合同管理制度

<table>
<tr><td rowspan="2">制度名称</td><td colspan="3" rowspan="2">营销部销售合同管理制度</td><td>受控状态</td><td></td></tr>
<tr><td>编　　号</td><td></td></tr>
<tr><td>执行部门</td><td></td><td>监督部门</td><td></td><td>考证部门</td><td></td></tr>
<tr><td colspan="6">第 1 条　为加强酒店营销部门销售合同的管理，保证合同的签订、履行、变更、解除能依法进行，维护酒店的合法权益，特制定本制度。
第 2 条　凡酒店营销部所签订的对外销售合同，必须双方加盖公章。
第 3 条　销售合同草签阶段必须填写合同审查表，由营销部经理签署意见后连同合同文本送财务部经理审查签署意见后，报送总经理审批。</td></tr>
</table>

（续）

第4条　合同承办人员必须在合同签字之前对以下内容进行反复审查。 1．合同的合作方是否具有企业法人资格。 2．合同的内容是否符合有关法规和政策的规定。 3．合同的条款是否超越酒店经营范围和签约承办人的委托权限，文字是否正确，手续是否完备。 第5条　在签订长包房合同时，必须同时签订“治安防火责任书”作为合同的附件，有关条款与保安部共同商定。 第6条　凡要变更或解除合同，要按授权范围和审批程序办理。 第7条　销售合同必须建立台账登记。 第8条　合同在履行时发生纠纷，原则上由承办人员负责解决，合同管理人员积极配合。纠纷协商不成，应及时向部门经理和财务部经理报告。 第9条　对维护酒店合法权益、工作成绩显著者应予嘉奖；对造成酒店经济损失的直接责任者或责任领导，按情节轻重进行处理。 第10条　本制度的制定、修改、废止须经总经理审核。		
签阅栏		我已收到《营销部销售合同管理制度》（编号：×××），并认真阅读完毕。我同意遵守制度中的相关规定，也同意酒店有权根据实际的经营情况修改本制度。

相关说明					
编制日期		审核日期		批准日期	
修改标记		修改处数		修改日期	

七、营销部客户接待管理制度

制度名称	营销部客户接待管理制度			受控状态	
				编　　号	
执行部门		监督部门		考证部门	

第1条　为了规范营销部客户接待行为，提高接待服务水平，特制定本制度。

第2条　接待客户范围。

1．来酒店视察、指导工作的极为重要的客户。

2．上级旅游主管部门以及世界旅游组织的负责人和知名人士。

3．与酒店有工作关系或能为酒店带来效益以及良好声誉的人士。

4．曾为酒店作出过贡献的著名画家、书法家、艺术家等。

5．酒店邀请的客人。

6．为酒店提供帮助、方便的单位，比如民航、车站、港口等有关单位，但一般工作关系以及私人朋友不包括在此范围内。

（续）

7．为酒店带来客源的旅行社以及有关客户等。

第 3 条　接待分工以及项目。

1．上述第 2 条列举的客户原则上由营销部安排接待。

2．总经理办公室的客户由总经理安排或由行政办公室将客户的详细情况、接待要求通知营销部，由营销部接待。

3．酒店各部门的客户需要在酒店食宿的，必须事先填写“公关单”，并报总经理审批。

4．需参观酒店的部门客户，由该部门经理签字，并在“公关单”上注明参观人数，然后提交营销部，由营销部签发“参观单”后，由该部门负责人带领客户参观。

第 4 条　接待费用标准。

1．极为重要的客户。

（1）用餐标准：150 元 / 天（早餐 30 元，午餐、晚餐各 60 元）。

（2）用餐地点：宴会餐厅或包间。

（3）住房标准：300 元 / 天。

2．重要客户。

（1）用餐标准：120 元 / 天（早餐 20 元，午餐、晚餐各 50 元）。

（2）用餐地点：宴会餐厅或包间。

（3）住房标准：260 元 / 天。

3．与酒店有工作关系或能为酒店带来效益以及良好声誉的人士。

（1）用餐标准：100 元 / 天（早餐 20 元，午餐、晚餐各 40 元）。

（2）用餐地点：宴会餐厅或包间。

（3）住房标准：200 元 / 天。

4．曾为酒店作出过贡献的著名画家、书法家、艺术家等。

（1）用餐标准：80 元 / 天（早餐 20 元，午餐、晚餐各 30 元）。

（2）用餐地点：宴会餐厅或包间。

（3）住房标准：180 元 / 天。

5．为酒店提供帮助、方便的单位，比如民航、车站、港口等有关单位。

（1）用餐标准：60 元 / 天（早餐 10 元，午餐、晚餐各 25 元）。

（2）用餐地点：宴会餐厅或包间。

（3）住房标准：150 元 / 天。

6．同行酒店人员。

（1）用餐标准：40 元 / 天（早餐 10 元，午餐、晚餐各 15 元）。

（2）用餐地点：零用餐厅。

（3）住房标准：80 元 / 天。

（续）

<table>
<tr><td colspan="6">7. 部门经理可在咖啡厅接待临时客户，咖啡厅提供茶、咖啡，接待后应签“公关单”。
8. 部门接待的公关客户，一般不宴请，视情况可以陪餐，标准是60元/人，提供地方、酒水及饮料，特殊情况报总经理审批。
第5条　公关费用开支的原则和结算。
1. 公关费用开支，以厉行节约、讲求实效为原则。
2. 接待客户必须按先报批后消费的原则办理。
3. 所有餐饮、客房、用车等公关费用一律由提供接待的部门开出收费单据并转财务部结算。
第6条　参观接待标准。
1. 极为重要的客户来酒店参观，按客户的要求，由总经理派人接待，营销部具体执行。
2. 一般客户来酒店参观，由营销部接待，遇到特殊情况，上报总经理决策执行。
3. 同行的上级主管部门领导，由营销部上报总经理后，按总经理要求接待。
4. 新闻媒体单位由营销部接待，特殊情况上报总经理。
5. 民航、车站、港口等单位的接待由营销部负责。
6. 客户单位的参观由营销部负责。
7. 参观范围，除了极为重要的客户可全面参观外，其他各类客户视情况而定。</td></tr>
<tr><td>签阅栏</td><td></td><td colspan="4">我已收到《营销部客户接待管理制度》（编号：×××），并认真阅读完毕。我同意遵守制度中的相关规定，也同意酒店有权根据实际的经营情况修改本制度。</td></tr>
<tr><td>相关说明</td><td colspan="5"></td></tr>
<tr><td>编制日期</td><td></td><td>审核日期</td><td></td><td>批准日期</td><td></td></tr>
<tr><td>修改标记</td><td></td><td>修改处数</td><td></td><td>修改日期</td><td></td></tr>
</table>

八、营销部工作例会管理制度

<table>
<tr><td rowspan="2">制度名称</td><td colspan="3" rowspan="2">营销部工作例会管理制度</td><td>受控状态</td><td></td></tr>
<tr><td>编　　号</td><td></td></tr>
<tr><td>执行部门</td><td></td><td>监督部门</td><td></td><td>考证部门</td><td></td></tr>
<tr><td colspan="6">第1条　为加强营销部例会管理，提高会议效果，特制定本制度。
第2条　例会类型。
酒店营销部例会分为营销分析例会和营销部部门例会两种。
1. 营销分析会。营销分析例会说明表包括主要内容、会议主持者、会议参与者和召开周期。具体内容见下表。</td></tr>
</table>

（续）

营销分析会说明表

主要内容	会议主持者	会议参与者	召开周期
（1）上月例会决定的执行情况，营销任务的完成情况 （2）分析上月酒店的客源构成、消费结构、平均房价以及存在的问题	营销总监	营销部经理 营销部各分管主管	每月1次

2．营销部部门例会。营销部部门例会说明表包括主要内容、会议主持者、会议参与者和召开周期。具体内容见下表。

营销部部门例会说明表

主要内容	会议主持者	会议参与者	召开周期
（1）传达酒店每周大例会精神、工作指标、酒店经营信息 （2）检查营销指标完成情况，评估上周促销活动成效，分析新市场扩展进度 （3）每位销售专员汇报上周工作，接近潜在客户的情况，提出工作中的问题 （4）分析处理客户投诉，汇集客户对酒店服务的要求，研究新的组合产品 （5）探讨大型活动或重要客户的接待方案 （6）营销总监下达下周工作任务指标	营销总监	营销部经理 营销部各分管主管 营销部所有专员	每周1次

第3条　例会时间。

本酒店营销分析例会和营销部部门例会的召开时间有如下规定。

1．营销分析例会。营销分析例会于每月月底最后一天的上午8：00召开，会议时间不得超过3小时。若因特殊情况需要延长会议时间，需会前报酒店总经理审批。

2．营销部部门例会。营销部部门例会于每周周一上午8：00召开，会议时间不得超过2小时。若因特殊情况需要延长会议时间，需会前报酒店总经理审批。

第4条　参会纪律。

在参加营销部例会期间，所有与会人员应遵守以下各项纪律。

1．会议主持者提前5分钟入场，与会人员提前3分钟入场，不得无故迟到、早退。

2．因特殊情况确实无法到场的人员，应提前向营销总监报批。

（续）

3．进入会场前，与会人员应注重自己的仪表，做到着装得体、精神饱满；会议期间要求集中精力、认真听取发言，不得交头接耳。 4．会议期间严禁吸烟。 5．坐姿端正，不得随意走动。 6．手机关机或设置静音状态，不接打电话、不玩手机。 7．不得浏览与会议内容无关的网站。 8．与会人员不得泄露会议机密，并妥善保管会议材料。					
签阅栏		我已收到《营销部工作例会管理制度》（编号：×××），并认真阅读完毕。我同意遵守制度中的相关规定，也同意酒店有权根据实际的经营情况修改本制度。			
相关说明					
编制日期		审核日期		批准日期	
修改标记		修改处数		修改日期	

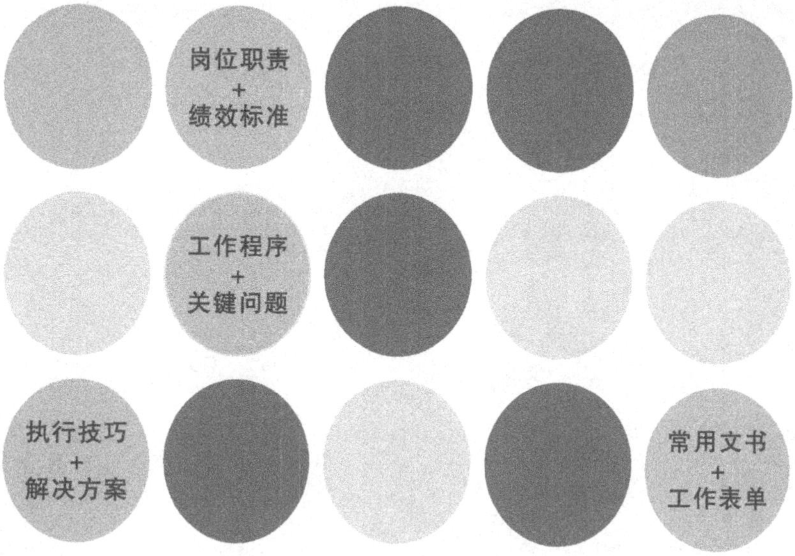

第二章

酒店企划组精细化管理

第一节　酒店企划组职责描述

一、酒店企划组岗位设置

<table>
<tr><th>岗位设置</th><th>人员编制</th></tr>
<tr><td rowspan="3">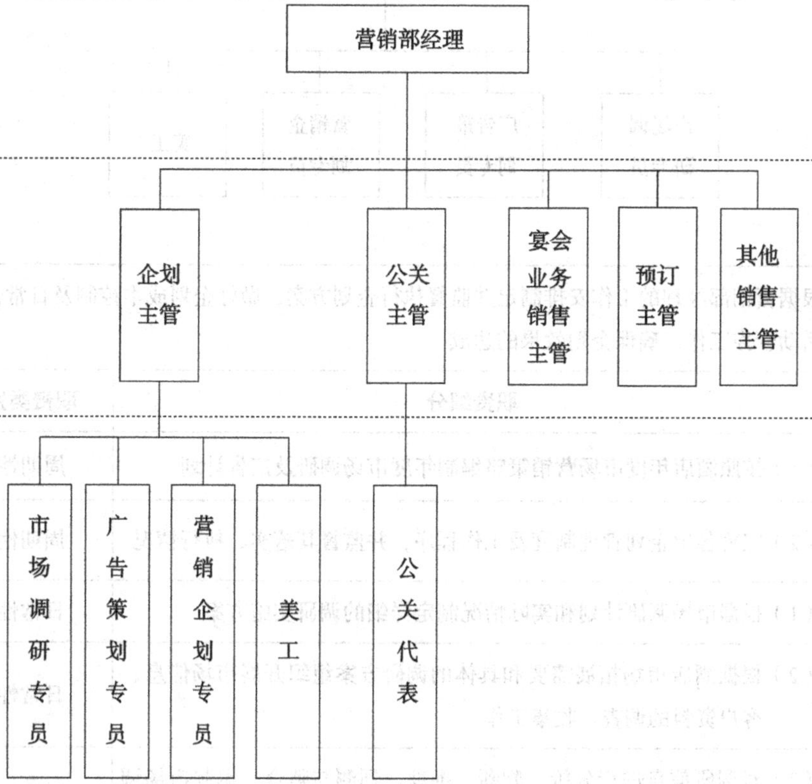</td><td>经理级____人</td></tr>
<tr><td>主管级____人</td></tr>
<tr><td>专员级____人</td></tr>
<tr><td>相关说明</td><td></td></tr>
</table>

二、企划主管岗位职责

岗位名称	企划主管	所属部门	营销部	编　号	
直属上级	营销部经理	直属下级	营销企划专员等	晋升方向	
所处管理位置	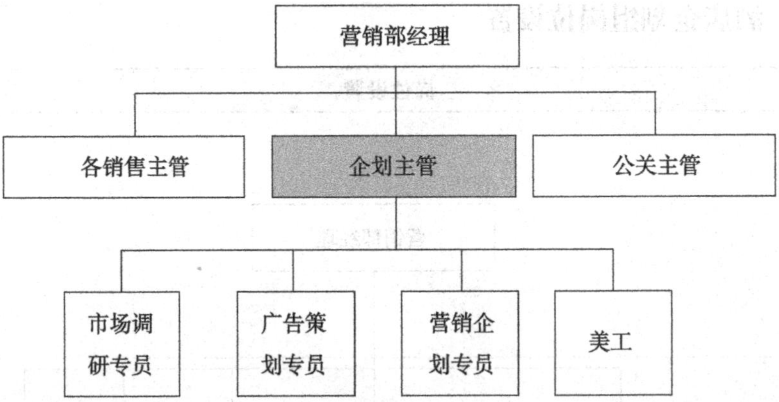				
职责概述	根据营销部经理的工作安排制定并监督执行企划方案，做好企划成本控制及日常营销活动管控工作，确保企划效果的达成				

职　责	职责细分	职责类别
1. 制定酒店企划制度及工作计划	（1）按照酒店年度市场营销策略编制年度市场调研及广告计划	周期性
	（2）完善各项企划管理制度及工作程序，并监督其落实、执行情况	周期性
2. 组织酒店市场调研	（1）根据市场调研计划和实际情况制定详细的调研实施方案	日常性
	（2）根据酒店市场拓展需要和具体的调研方案组织开展市场信息、客户资料的调查、收集工作	日常性
	（3）对调研信息进行分析、判断、推理、预测与整合，编制市场调研报告，为策划提供信息支持	日常性
3. 编制企划方案	（1）结合市场调研结果及酒店实际情况编制目标市场的企划方案、广告投放方案等，并报营销部经理审批	日常性
	（2）收集企划方案的反馈意见，做好企划方案改进工作	日常性

（续）

职　　责	职责细分	职责类别
4．营销活动管理	（1）负责酒店各类活动企划方案推行的全程跟踪与指导工作，控制实施过程，随时解决出现的问题，确保实施效果	日常性
	（2）积极参与酒店举办的各种促销活动，建立酒店形象，促进业务发展	特殊工作
	（3）监管营销活动支出，严格按支出范围和标准控制开支	日常性
	（4）定期进行营销活动效果分析，并撰写营销活动效果分析报告	周期性
5．落实酒店广告宣传工作	（1）落实并监督广告计划的执行情况，全面负责广告策划、平面制作与媒体投放等工作	日常性
	（2）监督广告实施的质量，对广告投放效果进行调查与监测	日常性
	（3）根据广告投放效果的监测数据，定期开展广告投放分析工作，并撰写广告效果分析报告	周期性
6．其他工作	（1）参与下属的培训和绩效考核工作	日常性
	（2）监督、指导下属员工的工作	日常性
	（3）完成上级交办的其他事务	特殊工作

三、公关主管岗位职责

岗位名称	公关主管	所属部门	营销部	编　　号	
直属上级	营销部经理	直属下级	公关代表	晋升方向	
所处管理位置	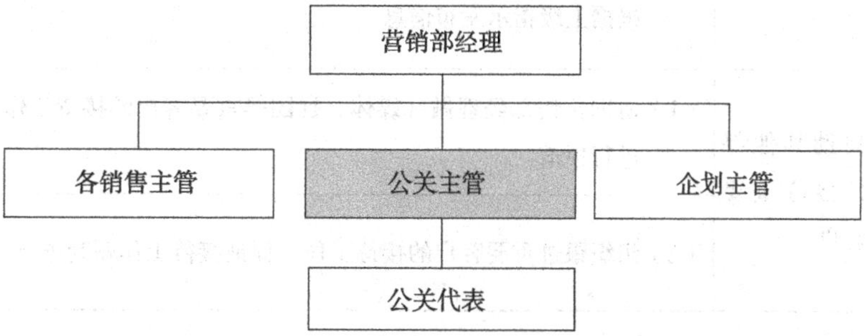				

（续）

职责概述	根据营销部经理的安排，负责酒店公关活动的组织工作，维护酒店的各类公共关系，参与处理各类危机事件并协助其他部门做好接待工作，打造酒店的良好形象，为酒店经营提供支持	
职　责	职责细分	职责类别
1. 制定酒店公关制度及工作计划	（1）按照酒店年度市场营销策略编制年度公关活动计划	周期性
	（2）完善各项公关管理制度及工作程序，并监督其落实与执行情况	周期性
2. 组织开展酒店公关活动	（1）根据酒店年度公关活动计划策划酒店公关活动，并编写公关活动策划书	日常性
	（2）组织开展酒店促销、庆典、赞助、捐赠等公关活动，并协调各项活动的运作，确保活动的顺利开展和活动目标的达成	日常性
3. 建立与维护公共关系	（1）与各大新闻媒体以及相关个人保持联系，建立良好的社会关系	日常性
	（2）拓展和维护酒店的各类社会关系，为酒店经营提供支持	日常性
	（3）参与各类媒体、贵宾、政要客户的接待工作	特别工作
4. 参与处理危机事件	（1）建立危机预警机制，防范危机事件的发生	周期性
	（2）参与处理各类危机事件，做好危机公关及后续处理工作，维护酒店形象，降低危机事件对酒店的负面影响	特别工作
	（3）将危机事件处理进展及时并向营销部经理、营销总监汇报，根据上级指示发布信息	特别工作
5. 协助其他部门接待重要客户	（1）协助营销部经理做好媒体、社团等重要客户的接待工作，并进行报道	日常性
	（2）组织跟进重要客户的接待工作，保证接待工作顺利进行	日常性

四、市场调研专员岗位职责

<table>
<tr><td>岗位名称</td><td>市场调研专员</td><td>所属部门</td><td>营销部</td><td>编　号</td><td></td></tr>
<tr><td>直属上级</td><td>企划主管</td><td>直属下级</td><td></td><td>晋升方向</td><td></td></tr>
<tr><td>所处管理位置</td><td colspan="5">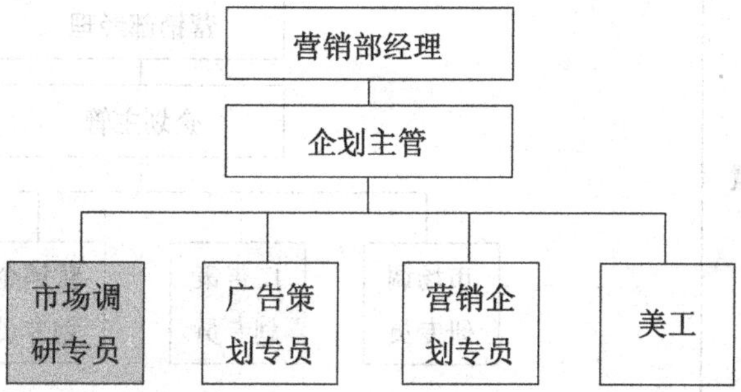
</td></tr>
<tr><td>职责概述</td><td colspan="5">开展信息收集和市场分析工作，为酒店营销工作计划的制定、实施提供数据和资料</td></tr>
<tr><td>职　责</td><td colspan="4">职责细分</td><td>职责类别</td></tr>
<tr><td>1. 收集酒店行业信息</td><td colspan="4">关注、了解酒店行业发展信息和主要竞争对手的动向，随时收录有关的动态信息</td><td>日常性</td></tr>
<tr><td rowspan="3">2. 执行调研任务</td><td colspan="4">（1）根据企划主管的调研任务安排，按调研方案进行市场调研，负责收集情报、资料，统计数据、信息</td><td>日常性</td></tr>
<tr><td colspan="4">（2）根据企划主管的安排，对酒店营销活动、各类广告宣传等效果进行调查及结果评估</td><td>日常性</td></tr>
<tr><td colspan="4">（3）整理、分析所收集的信息及资料，按时提交市场调研报告，为市场营销决策提供合理化建议</td><td>日常性</td></tr>
<tr><td>3. 提供信息支持</td><td colspan="4">补充、完善酒店营销信息系统，为营销部各项决策和其他部门开展业务提供信息决策支持</td><td>日常性</td></tr>
</table>

五、广告策划专员岗位职责

<table>
<tr><td>岗位名称</td><td>广告策划专员</td><td>所属部门</td><td>营销部</td><td>编　　号</td><td></td></tr>
<tr><td>直属上级</td><td>企划主管</td><td>直属下级</td><td></td><td>晋升方向</td><td></td></tr>
<tr><td>所处管理位置</td><td colspan="5">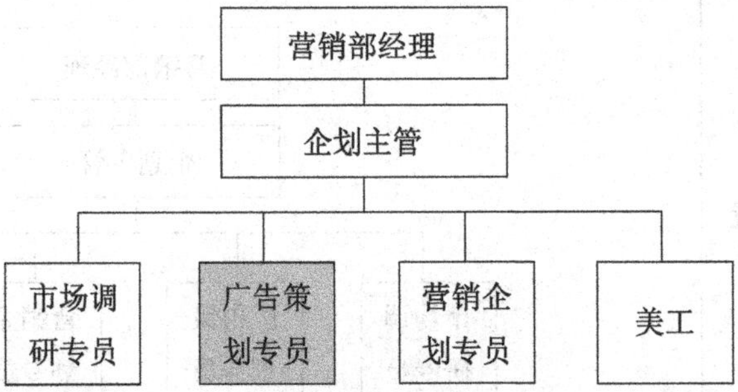
</td></tr>
<tr><td>职责概述</td><td colspan="5">负责酒店广告宣传的策划工作，配合酒店的销售及公关行动</td></tr>
<tr><td>职　　责</td><td colspan="4">职责细分</td><td>职责类别</td></tr>
<tr><td rowspan="2">1. 撰写广告文案</td><td colspan="4">（1）根据市场调研结果，协助企划主管完成酒店各类广告创意工作</td><td>日常性</td></tr>
<tr><td colspan="4">（2）根据广告创意，细化广告内容及形式，完成广告文案的编写</td><td>日常性</td></tr>
<tr><td rowspan="4">2. 广告制作与发布管理</td><td colspan="4">（1）与美工协调合作，完成广告的平面设计工作</td><td>日常性</td></tr>
<tr><td colspan="4">（2）对于需要外部专业制作单位制作的宣传品，负责联系制作单位，将合作单位名单、收费标准报企划主管审核</td><td>日常性</td></tr>
<tr><td colspan="4">（3）联系广告制作公司，完成广告的外协制作，并监督制作过程</td><td>日常性</td></tr>
<tr><td colspan="4">（4）根据广告媒体投放预算，选择合适的发布媒体，并与媒体做好广告发布的沟通事宜</td><td>日常性</td></tr>
</table>

六、营销企划专员岗位职责

岗位名称	营销企划专员	所属部门	营销部	编　　号	
直属上级	企划主管	直属下级		晋升方向	

所处管理位置

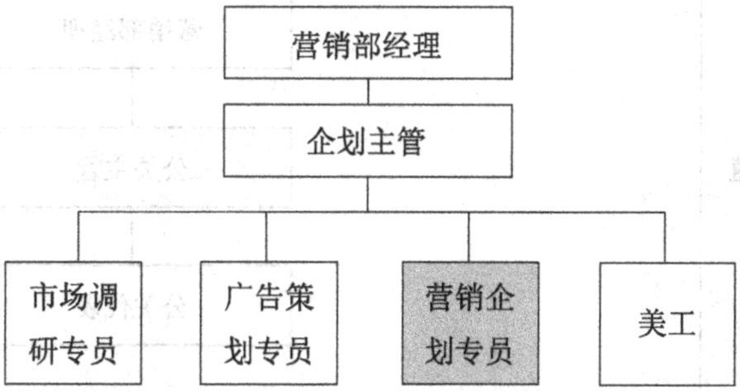

职责概述	协助企划主管制定各项企划规章制度和工作计划，并负责市场调研分析，出具市场调研报告及企划建议等工作

职　　责	职责细分	职责类别
1. 编制工作计划与制度	（1）协助企划主管编制年度、月度工作目标与工作计划	周期性
	（2）协助企划主管参与各项企划规章制度的制定与实施工作	周期性
2. 实施企划调研	（1）负责搜集酒店及相关行业政策、竞争对手信息、客户信息等，分析市场发展趋势	日常性
	（2）对收集到的信息进行分析，为及时调整酒店形象、策划市场推广方案等提供依据	日常性
	（3）根据调研结果编写并提交“市场调研报告”	日常性
3. 企划方案策划与实施	（1）在全面科学的市场、品牌调研与诊断基础上，拟定酒店品牌推广方案、广告策划方案等，报上级领导审批后执行	日常性
	（2）对企划方案的执行进行跟进、效果评估，及时提出改进建议	日常性
	（3）负责企划活动中平面设计稿、媒体广告稿、网络推广稿件等文字、图片、音像资料的收集整理工作，并建档保存	日常性

七、公关代表岗位职责

<table>
<tr><td>岗位名称</td><td>公关代表</td><td>所属部门</td><td>营销部</td><td>编 号</td><td></td></tr>
<tr><td>直属上级</td><td>公关主管</td><td>直属下级</td><td></td><td>晋升方向</td><td></td></tr>
<tr><td>所处管理位置</td><td colspan="5">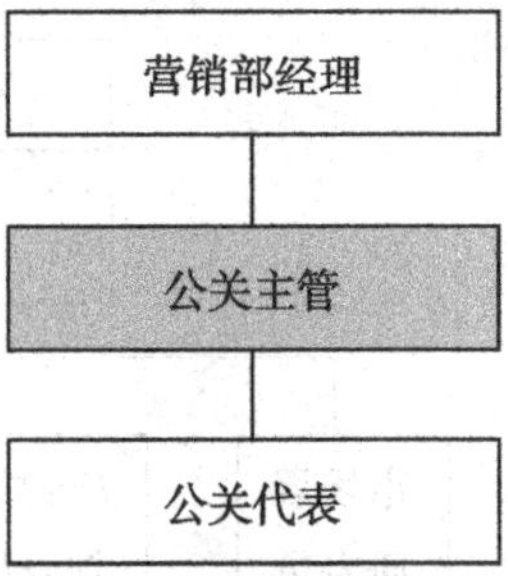
</td></tr>
<tr><td>职责概述</td><td colspan="5">负责公关活动的具体执行工作，并根据酒店来访参观客户和贵宾的接待需求，落实公关接待事宜</td></tr>
</table>

<table>
<tr><td>职　　责</td><td>职责细分</td><td>职责类别</td></tr>
<tr><td rowspan="2">1. 接待参观客户及酒店贵宾</td><td>（1）负责接待来访参观客户，向来访客户介绍酒店情况，以增进公众对酒店的认识</td><td>日常性</td></tr>
<tr><td>（2）根据贵宾的接待级别，具体落实国内外贵宾的接待工作</td><td>日常性</td></tr>
<tr><td rowspan="2">2. 公关活动执行</td><td>（1）协助公关主管完成公关活动方案的策划与拟定工作</td><td>日常性</td></tr>
<tr><td>（2）协助公关主管与各部门协调，具体落实各项公关活动的准备与活动过程中的具体执行事宜</td><td>日常性</td></tr>
<tr><td rowspan="2">3. 完成公关处日常文书工作</td><td>（1）负责酒店公关日常文件及资料的抄写、打印、复印，以及公关软文的撰写工作</td><td>日常性</td></tr>
<tr><td>（2）负责接收、发送公关来往公文及信件，收集客户对宣传资料的反意见及建议，及时向公关主管提出建议</td><td>日常性</td></tr>
<tr><td rowspan="2">4. 客户资料分析与管理</td><td>（1）负责收集客户的信息资料，进行整理，及时归档</td><td>日常性</td></tr>
<tr><td>（2）定期对客户的资料进行分析，为酒店公关活动方案的策划与活动的实施提出合理的公关建议</td><td>周期性</td></tr>
</table>

八、美工岗位职责

岗位名称	美　工	**所属部门**	营销部	**编　号**	
直属上级	企划主管	**直属下级**		**晋升方向**	
所处管理位置	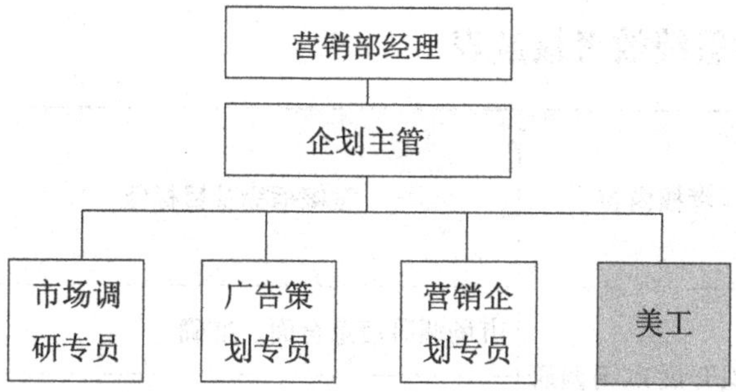				
职责概述	负责酒店形象展示、环境美化、广告宣传等所需宣传品的美工设计、外联制作及酒店环境的陈列布置工作				
职　责	**职责细分**				**职责类别**
1. 美工设计与广告宣传品的简单制作	（1）负责酒店横幅、广告牌、指示牌、招贴、工艺美术品的设计				日常性
	（2）负责酒店服务指南、酒店简介、酒店画册、菜谱、请柬、明信片、纪念品、圣诞卡、信封信纸、广告等的设计，并监督印刷质量				日常性
	（3）自行制作可独立完成的广告宣传品，确保广告宣传品符合酒店及相关部门的要求				日常性
2. 环境陈列布置	在企划主管的指导和安排下，负责完成传统节日、纪念活动、庆典、酒会或会场的布置美化工作				特殊工作
3. 活动摄影与照片冲印	（1）负责酒店内举办的所有活动的摄影工作，选择有利于宣传酒店形象的照片交外部单位冲印				特殊工作
	（2）将冲印后的照片交公关主管，以便作为新闻资料予以发表或在酒店内部刊物上登载				特殊工作
4. 保管美工器具及宣传品	（1）保管好美工器具、电脑等办公设备，所有器具、设备应保持洁净和安全				日常性
	（2）妥善安置和保管所有用过或展出过的广告宣传品				日常性

第二节　酒店企划组岗位考核量表

一、企划主管绩效考核量表

序号	考核内容	考核指标及目标值	考核实施	
			考 核 人	考核结果
1	组织开展市场调研工作	市场调研信息全面、准确		
		市场调研报告提交及时率达 100%，报告中的分析及时准确，具有指导意义		
2	企划工作成果	企划方案一次性通过率达到____% 以上		
		企划方案成功率达到____% 以上		
		酒店活动效果评分达到____分以上		
		广告成功度评分达到____分以上		
		新增微信、微博粉丝数超过____万人		
3	监管市场调研、营销活动、广告等经费的使用	市场调研、营销活动、广告等经费的使用未超过预算额度		

二、公关主管绩效考核量表

序号	考核内容	考核指标及目标值	考核实施	
			考 核 人	考核结果
1	公关活动方案编制	市场调研报告提交准确及时率达到 100%		
		公关活动方案编制及时率达到____% 以上		

（续）

序号	考核内容	考核指标及目标值	考核实施	
			考 核 人	考核结果
2	组织开展公关活动	公关计划按时完成率达到____% 以上		
		酒店公关活动组织次数达到____次以上		
		媒体正面曝光次数达到____次		
		公关资源保有率达到____% 以上		
3	危机公关	危机公关处理及时率达到____% 以上		
		危机公关处理满意度达到____分以上		
4	公关经费的使用	公关活动经费控制在预算范围内		

三、市场调研专员绩效考核量表

序号	考核内容	考核指标及目标值	考核实施	
			考 核 人	考核结果
1	执行各类调研任务	调研任务 100% 按计划完成		
2	提交调研分析报告	市场调研报告及时提交率达到____%		
		市场调研报告中的资料完备，数据准确率达到____% 以上		

四、广告策划专员绩效考核量表

序号	考核内容	考核指标及目标值	考核实施	
			考 核 人	考核结果
1	根据广告创意，完成广告文案的编写工作	广告策划文案通过率达到____% 以上		

（续）

序号	考核内容	考核指标及目标值	考核实施	
			考核人	考核结果
2	负责联系广告制作事宜	广告制作差错率控制在____%以内		
3	选择合适的广告发布媒体	目标受众的到达率为____%		

五、营销企划专员绩效考核量表

序号	考核内容	考核指标及目标值	考核实施	
			考核人	考核结果
1	市场调研工作	市场调研计算按时完成率达到____%以上		
		市场调研信息分析及时、准确		
		市场调研报告提交及时率达到100%		
2	企划工作成果	企划方案按时完成率达到____%以上		
		企划方案成功率达到____%以上		
		新增微信、微博粉丝人数超过____万人		
		微信、微博粉丝流失人数低于____万人		
3	整理保管资料	营销企划相关文件及资料收集及时、完备，存档率达到____%以上		

六、公关代表绩效考核量表

序号	考核内容	考核指标及目标值	考核实施	
			考 核 人	考核结果
1	负责接待来访参观的客户	酒店情况介绍熟练，公众对酒店的认知度测评得分达到____分以上		
2	负责公关活动的具体执行	按时完成公关活动中的各项工作		
		各部门相关人员对其协调工作的满意度评分达到____分以上		
3	负责公关软文的撰写工作	公关软文撰写合格率达到____% 以上		
4	整理分析客户资料	客户资料的完整率、归档及时率均达到100%；信息和预测合理、准确		

七、美工绩效考核量表

序号	考核内容	考核指标及目标值	考核实施	
			考 核 人	考核结果
1	广告宣传品的平面设计	平面设计工作按要求按时完成率达到____%		
2	自制可独立完成的广告宣传品	自制广告宣传品合格率达到 100%		
3	妥善保管所有用过的广告宣传品	旧广告宣传品遗失率控制在____%以内		

第三节　酒店企划组工作程序与关键问题

一、市场调研工作程序与关键问题

市场调研工作程序

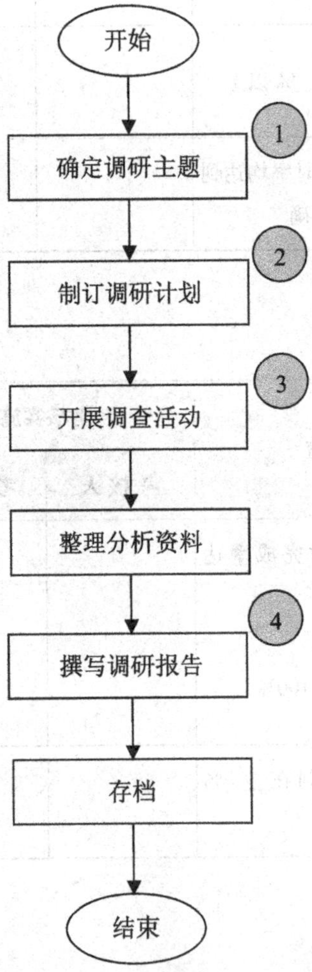

工作目标

1. 为营销策略、公关计划的制订提供参考
2. 掌握市场（行业、竞争对手）动态

关键问题点

1. 公关主管确定调研主题的依据主要有以下三个方面
（1）根据酒店日常营业状况，分析存在的问题
（2）掌握酒店业经营变化的新形势和动向
（3）市场调研主题应与酒店经营有密切关系
2. 调研计划的内容主要包括调研题目、目的、参加人员、方式、步骤、时间、费用等，还要做好调研费用预算和调查问卷设计等工作
3. 公关主管具体开展调研活动时，主要工作包括以下几点
（1）制定调研时间进度表，进行人员分工和必要的培训
（2）按计划开展调研信息搜集、分析
（3）调研人员要注意调研方法的使用，按要求做好调研记录
（4）按时汇报调研结果，提交工作报告
4. 调研报告在内容方面的要求包括项目齐全、资料有据、分析得当、提出建议

二、大型活动组织程序与关键问题

大型活动组织程序

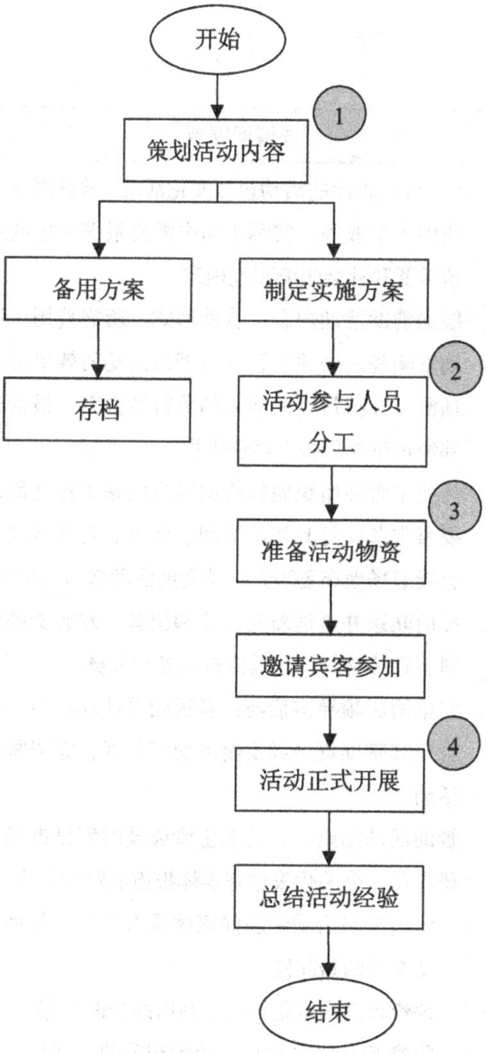

工作目标

1. 宣传酒店品牌
2. 维护公共关系

关键问题点

1. 公关主管策划活动内容时，主要工作事项包括以下三点
（1）确定活动主题、形式、规模等内容
（2）做好总费用预算
（3）了解参加人员情况，环境布置所需饰品供应情况及价格等
2. 给所有参与活动的人员进行分工，以及进行必要的培训和动员
3. 公关主管需要组织相关人员或亲自准备活动所必须的装备、器材、陈列品、宣传品，并在规定的时限内监督完成设备、器材的安装和调试工作
4. 正式开展活动时，公关主管需要侧重做好以下三个方面的工作
（1）成立专门的接待、签到处
（2）做好防火、防盗和交通疏导、环境保持工作
（3）保持与活动参与人员的良好沟通，积极征求活动参与人员对活动的意见

三、赞助活动操作程序与关键问题

<table>
<tr><th>赞助活动操作程序</th><th>工作目标</th></tr>
<tr><td rowspan="3">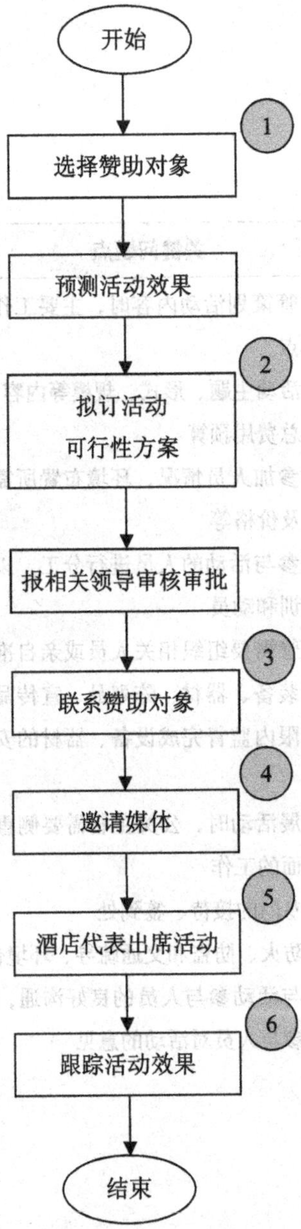
</td><td>1. 争取媒体的报道宣传
2. 扩大酒店品牌的知名度
3. 为酒店树立良好的公众形象</td></tr>
<tr><th>关键问题点</th></tr>
<tr><td>1. 酒店可以赞助的活动包括文化活动、教育事业、残疾人事业等，实际工作中需要根据酒店的经营需要和社会影响程度确定
2. 根据赞助活动内容、赞助形式、所需费用、活动影响等，公关主管要对赞助活动的效果进行预测，并拟订赞助活动的可行性方案，报营销部经理审核后报总经理审批
3. 公关主管在组织做好赞助对象联系工作之前，要事先落实好具体的时间、地点、赞助方式、会场或场地布置事宜以及赞助活动参与人员等
4. 提前联系并邀请新闻媒体和记者，发放赞助资料、宣传材料，并具体核实参与人员
5. 安排酒店领导讲话与记者提问等活动环节，举行正式赞助资金或实物的交接仪式，完成赞助活动
6. 赞助活动结束后，公关主管要及时安排市场调研专员、公关代表做好媒体报道的跟踪工作
（1）监测参与活动的新闻媒体是否发出与赞助活动有关的新闻稿
（2）评价稿件内容是否符合酒店的赞助目标
（3）收集所有与本次赞助活动相关的新闻稿，并加以整理归档</td></tr>
</table>

四、广告策划工作程序与关键问题

广告策划工作程序

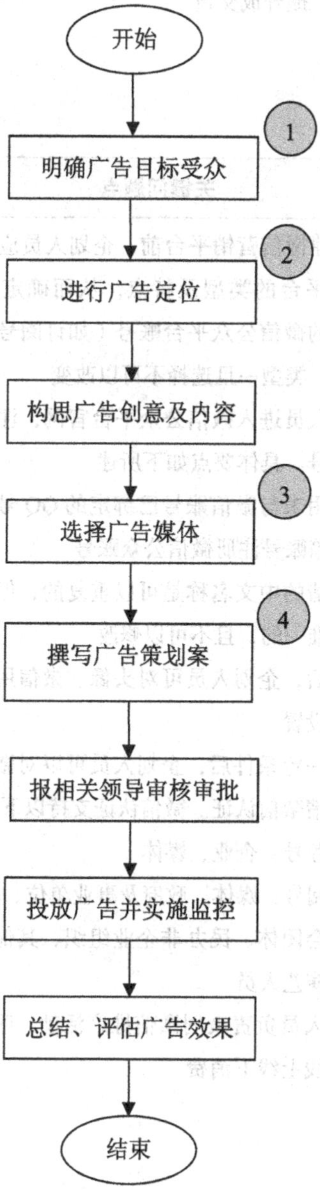

工作目标

1. 保证广告有的放矢，目标性强
2. 保证广告达成预期效果
3. 能对销售工作提供有力的支持

关键问题点

1. 公关主管在确定广告目标受众时，需要考虑以下两个方面的因素

（1）酒店的市场定位及市场拓展计划

（2）目标客源区域、客源层次、客源群体及客源需求等条件

2. 广告策划人员在明确目标受众主要诉求的基础上，根据酒店营销策略从酒店形象、产品或服务等方面确定广告宣传的最佳表现点
3. 选择广告媒体时，应着重考虑以下三个方面的因素

（1）酒店产品或服务的性质

（2）目标受众接触媒体的习惯

（3）媒体的传播范围、知名度、发行量（目标受众到达率）、读者群以及收费标准等

4. 撰写广告策划案，即将广告策划的过程形成书面文字，具体包括广告目的、市场分析、广告目标受众、广告定位与创意、广告媒体、广告投放时间、效果预测、广告预算等，报总经理批准后实施

五、微信营销平台构建程序与关键问题

微信营销平台构建程序

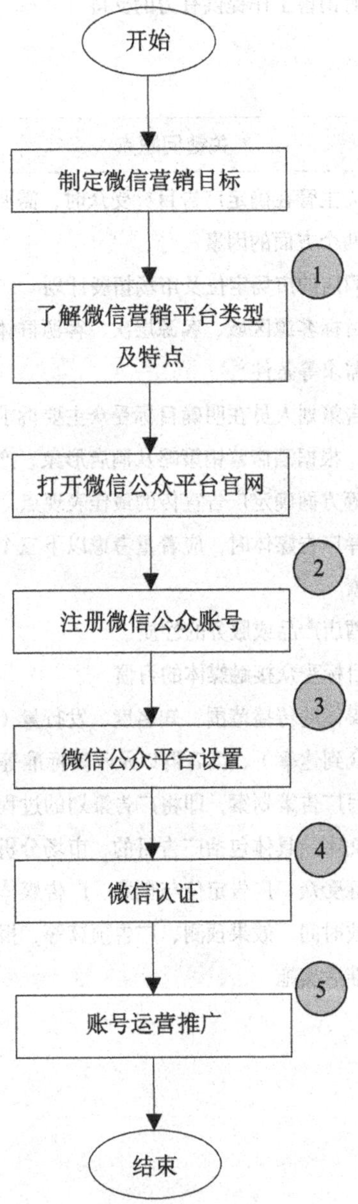

工作目标

1. 构建微信营销平台，发布富有吸引力的信息
2. 提高粉丝关注度及活跃度，提升品牌形象及知名度，提升成交量

关键问题点

1. 在构建微信营销平台前，企划人员应了解微信营销平台的类型及特点，从而确定选择何种类型的微信公众平台账号（如订阅号还是服务号），类型一旦选择不可以改变
2. 企划人员进入微信公众平台官网，注册微信公众账号。具体要点如下所述

（1）使用未与微信账号已绑定的 QQ 号码或电子邮箱账号注册微信公众账号

（2）申请的中文名称是可以重复的，但是微信号是唯一的，且不可以修改

3. 注册后，企划人员可对头像、微信用户信息等进行设置
4. 符合一定条件后，企划人员可以对微信公众账号申请微信认证。微信认证支持以下类型

（1）服务号：企业、媒体

（2）订阅号：媒体、政府及事业单位、其他组织、社会团体、民办非企业组织、其他营利组织及演艺人员

5. 企划人员负责策划微信推广活动，吸引粉丝，引导线上线下消费

六、微信、微博营销活动策划程序与关键问题

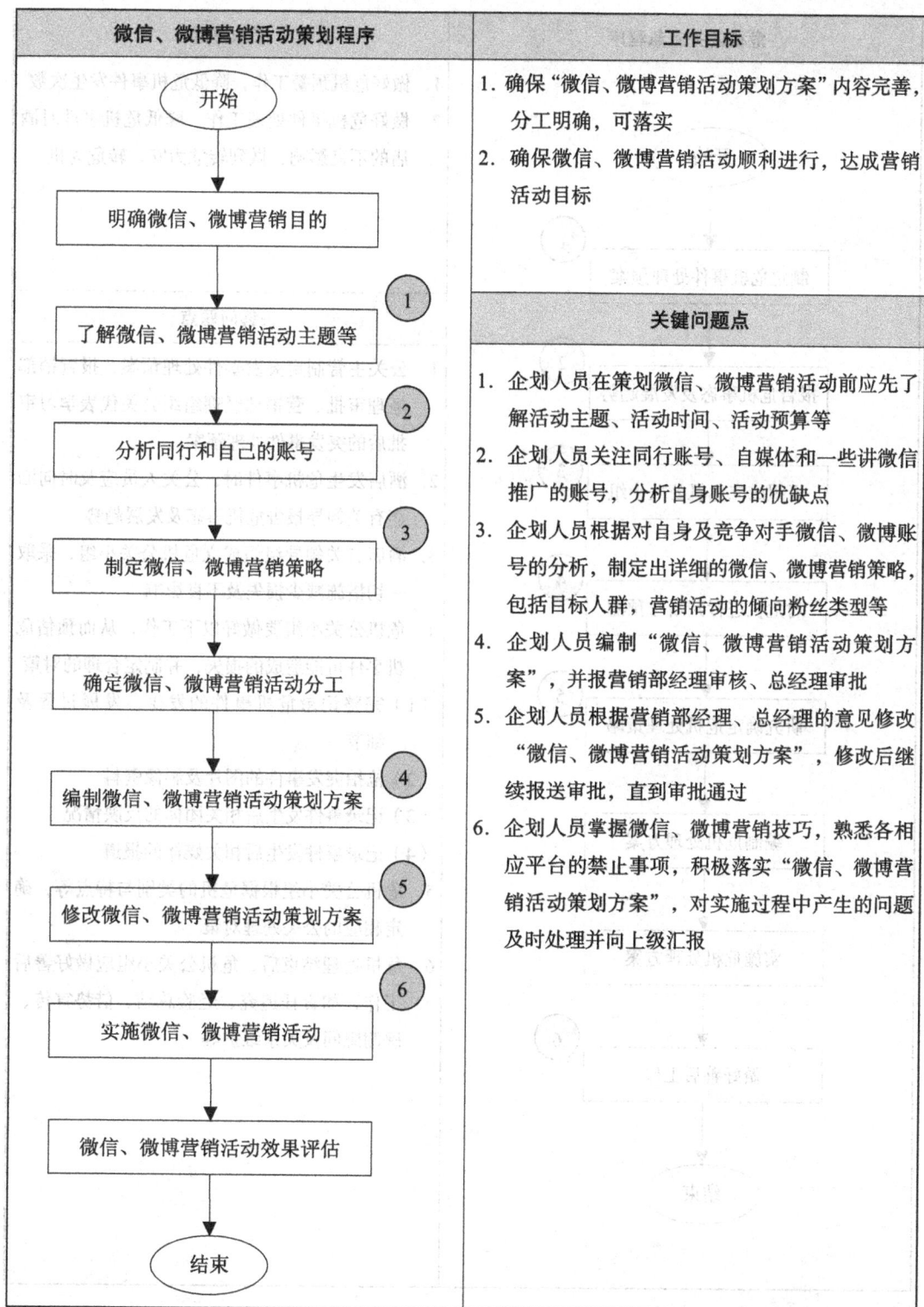

微信、微博营销活动策划程序

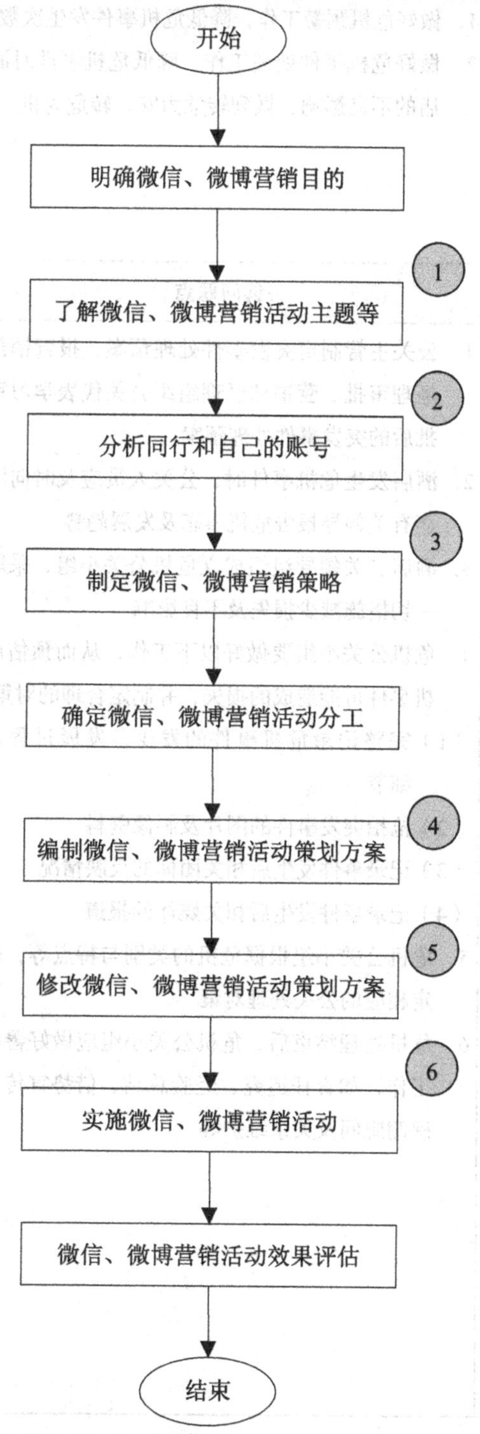

工作目标

1. 确保“微信、微博营销活动策划方案”内容完善，分工明确，可落实
2. 确保微信、微博营销活动顺利进行，达成营销活动目标

关键问题点

1. 企划人员在策划微信、微博营销活动前应先了解活动主题、活动时间、活动预算等
2. 企划人员关注同行账号、自媒体和一些讲微信推广的账号，分析自身账号的优缺点
3. 企划人员根据对自身及竞争对手微信、微博账号的分析，制定出详细的微信、微博营销策略，包括目标人群，营销活动的倾向粉丝类型等
4. 企划人员编制“微信、微博营销活动策划方案”，并报营销部经理审核、总经理审批
5. 企划人员根据营销部经理、总经理的意见修改“微信、微博营销活动策划方案”，修改后继续报送审批，直到审批通过
6. 企划人员掌握微信、微博营销技巧，熟悉各相应平台的禁止事项，积极落实“微信、微博营销活动策划方案”，对实施过程中产生的问题及时处理并向上级汇报

七、危机公关应急程序与关键问题

危机公关应急程序

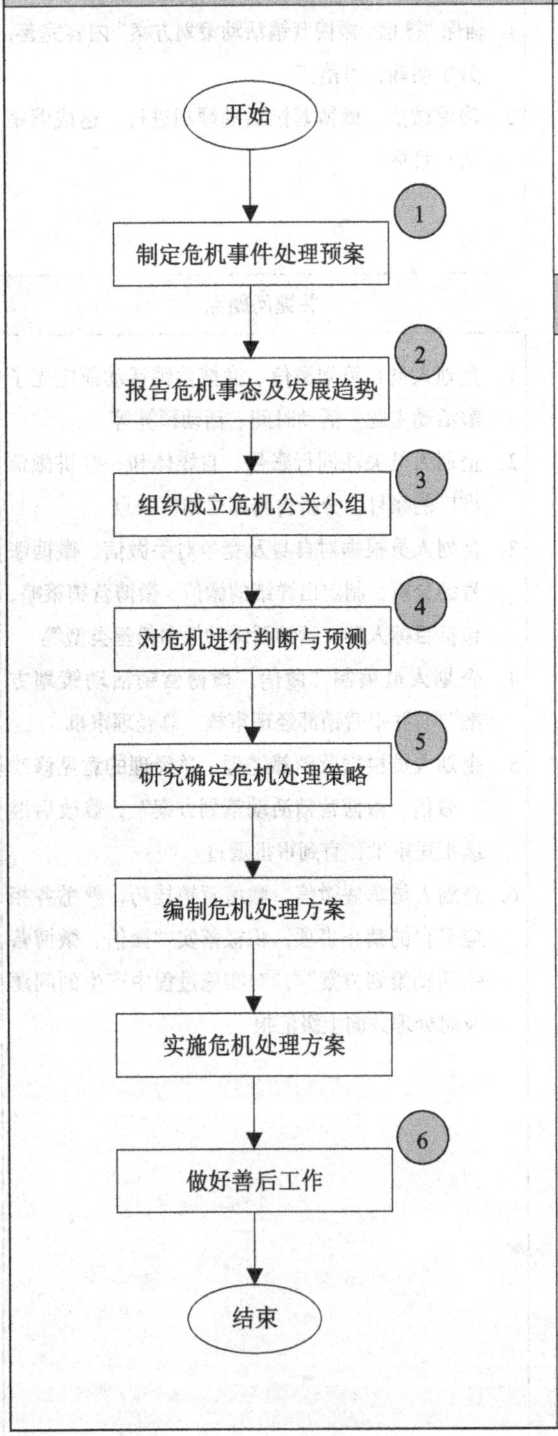

工作目标

1. 做好危机预警工作，降低危机事件发生次数
2. 做好危机事件处理工作，降低危机事件对酒店的不良影响，做到转危为安、转危为机

关键问题点

1. 公关主管制定突发事件处理预案，报营销部经理审批。营销部经理组织公关代表学习审批后的突发事件处理预案
2. 酒店发生危机事件时，公关人员应及时向酒店有关领导报告危机事态及发展趋势
3. 酒店有关领导组织成立危机公关小组，采取一切措施减少损失及不良影响
4. 危机公关小组要做好以下工作，从而预估危机事件可能造成的损失，并制定合理的对策

（1）完整记录危机事件的发生、发展过程及细节

（2）抢拍突发事件的图片及影像资料

（3）记录事件发生后相关团体的反映情况

（4）记录事件发生后相关媒体的报道

5. 危机公关小组根据危机的类别与特点等，确定相应的公关处理对策
6. 危机处理结束后，危机公关小组应做好善后工作，如责任追究、经验总结、借势宣传、感谢慰问及关系维护等

八、新闻发布会组织程序与关键问题

新闻发布会组织程序

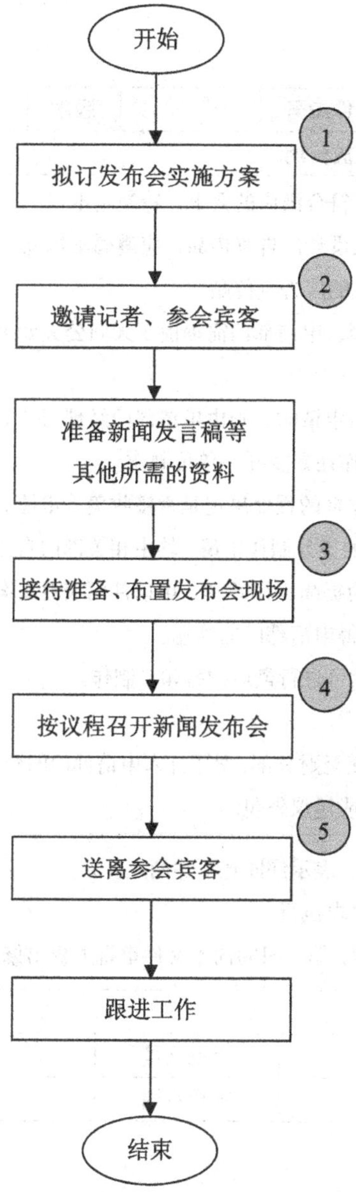

工作目标

1. 将酒店重大举措、政策对外发布
2. 提高酒店的社会关注度

关键问题点

1. 公关主管在拟订新闻发布会实施方案时，主要侧重于考虑下列内容
（1）新闻发布会的议题、举办地点与时间
（2）主持人与新闻发言人的人选
（3）新闻发布会的主要议程
（4）确定新闻发布会的费用预算
2. 公关主管拟定媒体、记者名单，安排公关人员运用电话或邀请函邀请，并确定参加发布会的人员及人数
3. 公关主管通知前厅部、餐饮部、保安部等相关单位做好与会媒体及宾客的接待准备，安排公关人员、美工等工作人员落实会场布置工作
4. 按议程召开新闻发布会，公关主管及相关人员应做好大会的组织、协调工作，具体包括以下两点
（1）向到场的记者派发新闻稿
（2）协助主持人掌握会议议程，安排酒店领导接受记者采访等
5. 发布会结束后，公关人员应做好礼品发放、接送车辆安排等工作，必要时可协助宴会厅相关人员安排记者招待宴会

第四节　酒店企划组工作标准与工作规范

一、美工制作申请规范

<table>
<tr><td colspan="3">酒店企划组工作标准与工作规范文件</td><td>文件编号</td><td></td><td>版本</td><td></td></tr>
<tr><td>标题</td><td colspan="2">美工制作申请规范</td><td>发放日期</td><td colspan="3"></td></tr>
<tr><td colspan="7">1. 为保证广告宣传品的及时设计与制作，并保证其质量符合酒店的要求，特制定本规范。
2. 前厅部、餐饮部、客房部等相关部门若需公关处美工设计广告宣传品，应遵循本规范。
3. 公关主管及美工应根据本规范，按时制作可独立完成的广告宣传品。
4. 对于普通的广告宣传品，比如海报、条幅、指示牌等，申请部门需提前 3 天向公关处提出美工制作申请单，由部门负责人签字确认后送至公关处。
5. 若出现特殊或紧急情况，申请部门无法提前 3 天提出申请时，则由申请部门经理与公关主管协商解决。公关主管需要根据美工的工作任务，决定是自行制作还是委托外单位制作。
6. 公关主管可根据申请部门的美工制作要求及美工工作量的程度决定是否接收美工申请。例如，部门营运所需的表格、酒店内部刊物等可以用办公电脑解决的设计制作申请，均由相关部门自行解决。
7. 广告宣传品涉及的英文文案由申请部门自行准备。为提高工作效率，申请部门校对文案后，打印一份与存盘一起送至公关处。若要修改文案，公关处需征得申请部门的同意。
8. 美工设计的样稿均需申请部门负责人签字认可后，才可进行最后的打印、制作。
9. 美工只负责设计制作，不负责搬运和安装。
10. 美工设计制作所产生的费用由公关处每月底结算后交至财务部，费用计入申请部门的营运成本。
11. 美工可根据实际情况安排申请项目的实际完成时间或建议外包。</td></tr>
<tr><td>签阅栏</td><td></td><td colspan="5">签收人请注意：在此签字时，表示您同意下述两点。
1. 本人保证严格按此文件要求执行。
2. 本人有责任在发现问题时，第一时间向本文件审批人提出修改意见。</td></tr>
<tr><td>相关说明</td><td colspan="6"></td></tr>
<tr><td>编制人员</td><td></td><td>审核人员</td><td></td><td>审批人员</td><td colspan="2"></td></tr>
<tr><td>编制日期</td><td></td><td>审核日期</td><td></td><td>审批日期</td><td colspan="2"></td></tr>
</table>

二、公关人员工作规范

<table>
<tr><td colspan="2">酒店企划组工作标准与工作规范文件</td><td>文件编号</td><td></td><td>版本</td><td></td></tr>
<tr><td>标题</td><td>公关人员工作规范</td><td>发放日期</td><td colspan="3"></td></tr>
<tr><td colspan="6">公关人员在开展公共关系维护与拓展的过程中，应坚持相关工作规范，从而提高自身的工作效能。
1. 热情服务
（1）注意个人仪表，建立良好的公关人员形象。
（2）针对不同类别的客户，进行有特色的服务，最大限度地满足客户的需求。
（3）参与接待客户，特别是接待贵宾和重要客户时，要做到全程服务，配合其他部门做好接待工作。
2. 严守纪律
（1）遵守酒店的外事纪律及酒店各项规章制度。
（2）在新闻发布会上担当酒店新闻发言人时，要与酒店总经理的要求口径一致，不得加入个人观点。
（3）不许利用工作之便营私舞弊、收受回扣，违者重罚。
（4）在执行合同时，要站在酒店的立场上运用经济手段、法律手段督促客户履行合同义务，保护酒店的正当利益不受损害。</td></tr>
</table>

<table>
<tr><td>签阅栏</td><td></td><td colspan="4">签收人请注意：在此签字时，表示您同意下述两点。
1. 本人保证严格按此文件要求执行。
2. 本人有责任在发现问题时，第一时间向本文件审批人提出修改意见。</td></tr>
<tr><td>相关说明</td><td colspan="5"></td></tr>
<tr><td>编制人员</td><td></td><td>审核人员</td><td></td><td>审批人员</td><td></td></tr>
<tr><td>编制日期</td><td></td><td>审核日期</td><td></td><td>审批日期</td><td></td></tr>
</table>

三、广告策划人员工作规范

<table>
<tr><td colspan="2">酒店企划组工作标准与工作规范文件</td><td>文件编号</td><td></td><td>版本</td><td></td></tr>
<tr><td>标题</td><td>广告策划人员工作规范</td><td>发放日期</td><td colspan="3"></td></tr>
<tr><td colspan="6">广告策划人员在开展酒店广告策划工作时，应根据不同的广告类型执行不同的规范，以保证广告策划案与广告宣传品的质量符合使用部门及酒店的要求。
1. 报纸广告策划与制作工作规范
（1）接到有关部门书面通知后，在使用部门规定的时间内完成广告文案创意，提出设计要求，将电脑打印稿交美工或专业的广告公司进行具体设计，并负责文稿初校。
（2）联系有关媒体落实刊登广告的具体时间及版面安排。
（3）及时协助美工或广告公司设计人员完成设计稿的校核工作，提出修改建议，经公关主管审核、营销部经理终审后，出胶片交新闻媒体发布。</td></tr>
</table>

（续）

<table>
<tr><td colspan="6">2. 广告牌策划与制作工作规范
（1）在使用部门规定的时间内完成广告牌的文字创作，并提出设计要求，然后将电脑打印稿交美工进行设计。
（2）将设计好的广告版文稿交使用部门相关人员核对检查，确认内容符合要求后，联系广告牌制作公司，落实广告牌制作的费用、完成时间等事宜。
（3）核对、检查制作好的广告牌，至少提前2天摆出或交有关营业点摆放。
（4）监督广告牌的按时摆放与及时撤掉。
3. 宣传页策划与制作工作规范
（1）在使用部门规定的时间内完成宣传页的文字创作，并提出设计要求，然后将电脑打印稿交美工进行具体设计。
（2）及时检查美工的设计稿，提出修改建议；征求使用部门的意见后，由公关主管对样稿进行终审。
（3）联系印刷厂，将经过终审的宣传页设计稿交付印刷。
（4）提前3～5天将宣传页成品交付或通知使用部门摆放或外寄有关部门。
（5）临时更改信息将适当延长整个设计、制作期。</td></tr>
<tr><td>签阅栏</td><td></td><td colspan="4">签收人请注意：在此签字时，表示您同意下述两点。
1. 本人保证严格按此文件要求执行。
2. 本人有责任在发现问题时，第一时间向本文件审批人提出修改意见。</td></tr>
<tr><td>相关说明</td><td colspan="5"></td></tr>
<tr><td>编制人员</td><td></td><td>审核人员</td><td></td><td>审批人员</td><td></td></tr>
<tr><td>编制日期</td><td></td><td>审核日期</td><td></td><td>审批日期</td><td></td></tr>
</table>

四、酒店广告宣传发布规范

<table>
<tr><td colspan="2">酒店企划组工作标准与工作规范文件</td><td>文件编号</td><td></td><td>版本</td><td></td></tr>
<tr><td>标题</td><td>酒店广告宣传发布规范</td><td>发放日期</td><td colspan="3"></td></tr>
<tr><td colspan="6">1. 为规范公关人员做好酒店的广告宣传及发布工作，保证所发布的广告能促进酒店市场目标、公关目标的顺利达成，特制定本规范。
2. 搜集国内外，特别是酒店周边地区主要媒体的传播范围、知名度、发行量（或目标受众到达率）、收费标准等各个方面的资料，以便于比较和参考。
3. 根据酒店实际需要及经费开支情况制订广告宣传发布计划。
4. 选择影响面广、广告效果好的广告发布媒体。
5. 对于准备发布的广告，应先取得确实可靠、详细、真实的资料。
6. 拟订多套广告文案，并配有相应的图片资料，供广告发布媒体选择。</td></tr>
</table>

（续）

7. 将所有准备发布的广告文案呈报高层管理人员审阅，经高层管理人员审批后执行。 8. 广告发布后，报告高层管理人员并知会有关部门，将发布的广告文案及相关资料存档。 9. 与广告发布媒体保持密切联系，保证广告按时刊播。定期广告应写好备忘录，以便跟进工作。					
签阅栏		签收人请注意：在此签字时，表示您同意下述两点。 1. 本人保证严格按此文件要求执行。 2. 本人有责任在发现问题时，第一时间向本文件审批人提出修改意见。			
相关说明					
编制人员		审核人员		审批人员	
编制日期		审核日期		审批日期	

五、公关人员接受采访规范

酒店企划组工作标准与工作规范文件		文件编号		版本	
标题	公关人员接受采访规范	发放日期			
为保证酒店对外的形象统一，公关人员在接到记者的采访要求以及接受采访时，应遵循下列规范。 1. 接到记者的采访要求时，先要验证对方的单位、真实身份、联络方式以及采访意图，并坦诚告诉对方，酒店接受采访的要求。 2. 对于仰慕酒店声誉并能扩大酒店知名度的采访者，需要确定是否为正规的报道以及有无附加条件。若为非正式性又附有其他条件（如广告、赞助等）的采访，应尽量婉拒，避免造成对方先采访后要求广告、赞助等既成事实的情况发生。 3. 对以采访为名，实则拉广告、赞助的人士，应要求其出示有效的相关政府批文，否则予以回绝。 4. 若经酒店高层决定确定接受采访，则须将采访对象、采访范围、采访内容以及具体时间与采访者约定好，并准备相关材料，知会相关部门以及人员做好采访准备工作。 5. 协助记者做好采访中的联络工作，若有拍摄要求，联系工程部确定电源位置，连同保安部控制拍摄现场。 6. 对于记者采写的报道资料、媒体刊物资料，应及时收集并存档。					
签阅栏		签收人请注意：在此签字时，表示您同意下述两点。 1. 本人保证严格按此文件要求执行。 2. 本人有责任在发现问题时，第一时间向本文件审批人提出修改意见。			
相关说明					
编制人员		审核人员		审批人员	
编制日期		审核日期		审批日期	

六、客户生日服务工作标准

酒店企划组工作标准与工作规范文件		文件编号		版本	
标题	客户生日服务工作标准	发放日期			

为提高酒店企业客户的回头率和对酒店的忠诚度，公关处应根据酒店的客户馈赠政策，按下列标准做好客户生日服务工作。

1. 公关人员负责整理出曾光临本酒店的企业负责人的生日名单。

2. 制定客户生日赠送方案，连同赠送客户名单交由营销部经理审核、营销总监审批，通过后执行。

3. 客户生日赠送方案及赠送客户名单经过审批后，公关人员应立即通知相关部门人员。

（1）将审批签字的客户生日赠送方案及赠送客户名单发送至总经理办公室、餐饮部、康乐部、客房部、财务部等相关部门。

（2）根据经审批的赠送客户名单，尽快告知相关企业的负责人已被本酒店确认为馈赠对象，并在其生日前一周电话联系，并邀请其至本酒店消费。

4. 对位于本市及周边地区的企业，公关人员可于企业负责人生日前一天亲自登门拜访，代表酒店赠送生日蛋糕，并附上酒店总经理签名的生日贺卡，以示问候，真诚地邀请客户于生日当天光临本酒店，告知客户当天酒店会给予的优惠政策。

5. 对位于外省及境外的企业，公关人员应根据距离的远近，适当地提前寄送有酒店总经理签名的生日贺卡，并附上酒店在客户生日当天的优惠政策。

6. 若客户确认生日当天光临酒店消费，应及时通知相关部门做好客户迎送及服务安排。

（1）客房消费。公关人员填写订房单，注明客户的生日、鲜花和酒水的赠送标准，以及房价优惠标准、服务费加收标准，并加注“限其本人且仅在其生日当天入住有效”后，交于前厅部接待处，由接待人员负责将鲜花及酒水提前放置于客房内。

（2）餐饮消费。公关人员应跟进客户生日当天的订餐工作，将餐饮消费优惠标准、服务费加收标准等事宜通知餐饮部经理，并请餐饮部经理予以安排向客户赠送鲜花和生日贺卡。

（3）康乐消费。公关人员应跟进安排好客户当天的康乐消费工作，将康乐消费标准、服务费加收标准等事宜通知康乐部经理，并请康乐部经理予以安排向客户赠送鲜花和生日贺卡。

7. 上述安排的优惠政策也适用于与合作关系的企事业单位负责订房、订餐事宜的负责人。

8. 若客户生日当天的消费为综合性消费（即客房、餐饮、康乐都有消费），鲜花、酒水、生日贺卡方面的赠送事宜，则由公关处按实际情况申请，由营销总监批准执行。

9. 以上所有相关赠送费用均列入营销部业务宴请费用中。

签阅栏		签收人请注意：在此签字时，表示您同意下述两点。 1. 本人保证严格按此文件要求执行。 2. 本人有责任在发现问题时，第一时间向本文件审批人提出修改意见。			
相关说明					
编制人员		审核人员		审批人员	
编制日期		审核日期		审批日期	

七、与媒体、政府沟通工作规范

<table>
<tr><td colspan="2">酒店企划组工作标准与工作规范文件</td><td>文件编号</td><td></td><td>版本</td><td></td></tr>
<tr><td>标题</td><td>与媒体、政府沟通工作规范</td><td>发放日期</td><td colspan="3"></td></tr>
<tr><td colspan="6">1. 目的
为帮助酒店公关人员进一步做好与各大新闻媒体、政府机构的沟通工作，获取媒体、政策机构负责人对酒店的支持，特制定本规范。
2. 新闻媒体沟通工作标准
（1）公关人员应定期整理与酒店有联系的新闻媒体及其负责人的详细资料，并建立完整的档案。
（2）列出重点，找出对酒店的形象、广告、公关活动等宣传工作有帮助，特别是与旅游行业对口的新闻媒体，经常派送酒店具有新闻报道价值的资料，确定联络人。
（3）新闻媒体来酒店采访、调查，应热情接待，并予以积极地配合。
（4）经常向各新闻媒体提供酒店的经营动态、服务内容以及餐饮项目，争取酒店的社会曝光率。
（5）逢传统节日、酒店重大活动时，邀请新闻媒体参加，争取相关媒体对酒店活动的宣传，以扩大酒店的社会影响。
3. 政府机构沟通工作标准
（1）公关人员应及时掌握酒店相关部门与政府相关机构单位联络沟通的基本情况，并将最早联系时间、主要联系单位及人员等资料汇集、存档。
（2）根据酒店高层管理人员的安排，经常向政府相关部门反映酒店的经营动态，并将酒店在经营过程中遇到的问题与困难及时向政府相关部门反映，以期得到指导与支持。
（3）公关主管应拟订一份“政府机构单位走访名单”，交营销部经理审批后，安排公关人员定期（每月）进行拜访。
（4）逢传统节日、酒店重大活动时，邀请政府有关机构单位人士参加。
（5）在政府有关领导莅临酒店检查、参观或参加宴会时，做好陪同、介绍工作，争取给领导留下深刻的印象，以利于下次联络。</td></tr>
<tr><td>签阅栏</td><td></td><td colspan="4">签收人请注意：在此签字时，表示您同意下述两点。
1. 本人保证严格按此文件要求执行。
2. 本人有责任在发现问题时，第一时间向本文件审批人提出修改意见。</td></tr>
<tr><td>相关说明</td><td colspan="5"></td></tr>
<tr><td>编制人员</td><td></td><td>审核人员</td><td></td><td>审批人员</td><td></td></tr>
<tr><td>编制日期</td><td></td><td>审核日期</td><td></td><td>审批日期</td><td></td></tr>
</table>

八、危机公关应急预警工作规范

酒店企划组工作标准与工作规范文件		文件编号		版本	
标题	危机公关应急预警工作规范	发放日期			

公关人员在进行危机公关应急预警时，应遵循相关工作规范，以实现危机早预警、准预警。

1．危机信息的收集

在危机事件发生前，公关人员应随时收集、捕捉各种信息，一旦发现问题，应在____个小时内完成相关信息的整理与登记工作，并立即向上级领导报告。风险信息收集的主要途径如下所述。

（1）媒体：包括传统媒体、新媒体等。

（2）实地调研。

（3）举办座谈会、交流会、研讨会，进行头脑风暴等。

2．危机信息评估

公关人员应根据收集到的危机信息对危机事件可能造成的危害、影响范围、发展趋势等进行分析评估，并根据评估结果判定是否发布预警警报及警报级别，从而及时采取有效措施，将危机带来的损失降至最低。

3．危机公关应急预警发布

根据危机的性质、严重程度和影响范围等因素，本酒店将危机公关应急预警警报分为三级，即黄色、橙色和红色，具体如下表所示。

危机公关应急预警警报等级表

等级	等级说明
Ⅰ级黄色危机	影响程度和影响范围较小，可迅速解决
Ⅱ级橙色危机	对酒店有一定的影响，其解决需动用一定的资源
Ⅲ级红色危机	对酒店的影响很大，且受关注度高，需动用大量资源才可解决

通过对危机信息的分析评估，公关人员如确定危机事件为Ⅱ级及以上的，应立即向上级领导报告并提出发布危机公关应急预警警报的建议。公关人员须在审批通过后的____小时内完成危机公关应急预警警报的发布工作。

4．危机公关应急预警警报处理

在接到危机公关应急预警警报后，公关人员应配合相关部门立即启动危机公关应急预案，并根据实际情况采取应对措施。

5．危机公关应急预警警报解除

在预警警报的危机问题得到缓解、控制后，危机事件可能造成的危害已经消除，由公关人员负责解除危机公关应急预警警报。

6．危机公关应急预警处理报告的编制

公关人员负责编制有关危机公关应急预警处理的报告，具体要求如下所述。

（续）

<table>
<tr><td colspan="6">（1）初次报告
初次报告应在公关人员掌握危机公关应急预警情况后____个小时内编制完成，要求详细地叙述危机事件发生的时间、地点、可能导致的危害程度、相关媒体的报道及影响范围、事件发生原因的初步分析以及该预警情况发生后采取的控制措施和处理结果。
（2）阶段报告
公关人员应根据危机公关应急预警处理的进度和上级的要求随时做出阶段报告，报告中应标明预警处理的进度，并对初次报告的情况进行补充修改，包括危机公关应急预警的发展变化、发生原因等。
（3）总结报告
在危机公关应急预警处理结束后，公关人员须在____日内做出总结报告，报告内容包括危机事件发生的原因和影响因素的分析、该预警情况的处理总结以及今后对类似事件的防范和处理建议等。</td></tr>
<tr><td>签阅栏</td><td></td><td colspan="4">签收人请注意：在此签字时，表示您同意下述两点。
1．本人保证严格按此文件要求执行。
2．本人有责任在发现问题时，第一时间向本文件审批人提出修改意见。</td></tr>
<tr><td>相关说明</td><td colspan="5"></td></tr>
<tr><td>编制人员</td><td></td><td>审核人员</td><td></td><td>审批人员</td><td></td></tr>
<tr><td>编制日期</td><td></td><td>审核日期</td><td></td><td>审批日期</td><td></td></tr>
</table>

九、酒店自媒体营销活动开展规范

<table>
<tr><td colspan="2">酒店企划组工作标准与工作规范文件</td><td>文件编号</td><td></td><td>版本</td><td></td></tr>
<tr><td>标题</td><td>酒店自媒体营销活动开展规范</td><td>发放日期</td><td colspan="3"></td></tr>
<tr><td colspan="6">企划人员在开展自媒体营销活动时，应遵循相关工作规范，以实现向不特定的大多数或者特定的单个人传递规范性及非规范性信息的目标，从而扩大酒店影响力、市场占有率、知名度以及提高酒店好评度。
1．建立自媒体账户渠道
（1）建立自媒体账户渠道，免费分享有价值的内容与产品，宣传自己的经验与心得，在为受众带去附加价值的同时和他们搞好关系。
（2）自媒体主要有微信公众号、微博、微信朋友圈、QQ空间、人人网、百度贴吧、论坛等。
2．制定自媒体营销方案
（1）组织自媒体营销市场调查，调查内容包括酒店简介、酒店宣传册、客户资料、近几年酒店自媒体营销档案、同行业酒店自媒体营销动态以及成功案例等
（2）根据市场调查资料深入分析受众的关注点、信息获取渠道、自媒体优缺点等。
（3）根据市场调查及分析结果，结合酒店的特色、营销活动等，选择适宜的自媒体，制定“自媒</td></tr>
</table>

（续）

体营销活动方案”，并报上级领导审批。

3. 实施自媒体营销方案

企划人员负责实施审批通过的“自媒体营销活动方案”，并解决自媒体营销过程中出现的问题。在实施“自媒体营销活动方案”时，相关人员应遵守以下要求。

（1）在自媒体平台的规则下开展有效的传播。

（2）做好文案策划工作，在选择的自媒体渠道中免费分享优质和有价值的文章、录音、视频等。

（3）在发布的标题、文章中加入品牌关键词和目前受众关注的关键词，从而使发布的内容易于被客户搜索到，提高点击率，吸引客户关注发布的信息。

（4）通过各种方法精准地吸引粉丝，加大与受众之间的连接点，扩大酒店的影响力。吸引粉丝的主要途径有两个：本酒店吸引粉丝；粉丝吸引粉丝。

4. 自媒体营销评估与总结

（1）做好自媒体营销人员的培训指导工作，对自媒体营销实施全程跟踪。

（2）评估自媒体营销的效果，做好问题总结与改进工作。

签阅栏		签收人请注意：在此签字时，表示您同意下述两点。 1. 本人保证严格按此文件要求执行。 2. 本人有责任在发现问题时，第一时间向本文件审批人提出修改意见。			
相关说明					
编制人员		审核人员		审批人员	
编制日期		审核日期		审批日期	

第五节　酒店企划组工作常用文书与表单

一、公关活动计划表

制表人：　　　　　　　　　　　　　　　　　　　　　　　　　　　　　月份：____月

举办日期	活动主题	活动内容	参与部门和人员	负责人

二、公关费用预算表

制表人：　　　　　　　　　　　　　　　　　　　　　　　　　　　　月份：____月

公关活动名称			活动时间		
预算费用					
接待费用			会议成本		
宣传成本			广告成本		
人工成本			媒体费用		
管理费用			活动经费		
合　　计					
营销部经理		财务部经理		总经理	

三、酒店年度广告计划表

制表人：　　　　　　　　　　　　　　　　　　　　　　　　　　　　年度：____年

广告日期	投放媒体	投放区域	目标受众群	广告内容	费用	责任人

四、年度市场调研计划表

制表人：　　　　　　　　　　　　　　　　　　　　　　　　　　　　年度：____年

日　　期	调研主题	调研目的	责任人

五、竞争酒店调查报告表

基本信息						
酒店名称			开业日期			
酒店地址						
酒店总经理			酒店联系方式			
调研信息						
客房种类	客房数量	门市价	现行价	公司合同价	团体价	长住价
标准房						
豪华房						
行政房						
商务房						
复式套房						
高级套房						
行政商务房						
行政套房						
总统套房						

填表人：　　　　　　　　日期：____年__月__日

六、年度公关活动统计表

制表人：　　　　　　　　年度：____年

活动日期	参与媒体	活动内容	活动形式	总体费用	备注

七、酒店重大活动记录表

送出人		送出日期	____年__月__日
执行人		收到日期	____年__月__日
活动名称			
活动内容概述	1. 2. 3.		
活动参与人数			
其他情况	1. 2. 3.		
主要日程安排	1. 2. 3.		
记录特殊要求			
记录计划摘要			
档案员签字		日　期	____年__月__日
公关主管意见		日　期	____年__月__日
营销部经理签字		日　期	____年__月__日
记录报告摘要			
档案员签字		日　期	____年__月__日

八、客户满意度调查报告

客户满意度调查报告

一、调查背景

一年一度的旅游节、美食节，两年一度的电影节、博览会，给本市酒店行业的发展既带来了机遇，也带来了挑战：一方面，酒店的档次、品位、接待能力不断提升，吸引越来越多的国内外客商来经商、旅游；另一方面，由于近年来星级酒店的不断增多，行业之间的竞争日益加剧。

在这种情况下，谁能及时了解消费者到酒店消费的动机、对酒店的满意程度及新的消费需求，并及时调整经营策略，谁就能在这一行业中占领竞争先机。

因此，公关人员在营销部经理的指导下，确立了本调查项目，以期通过调查，发现酒店在日常经营及营销工作中存在的问题，对酒店的营销以及有待改进的方面提供有效的依据和导向。

二、调查目的

了解客户的总体特征及其对酒店的住宿、餐饮及娱乐等各方面的满意程度，以便酒店有针对性地进行改善，从而更好地满足客户的需求。

三、调查对象

此次调查活动针对酒店的住店客户进行，既有初次入住的新客户，也有已多次入住的老客户。被调查人员的年龄在 25 ~ 55 岁，绝大多数为以商业目的住店客户。在发放的 20 份问卷中收回有效问卷 20 份，回收率达到 100%。

四、调查方式

以问卷方式的随机抽样调查为主，访谈为辅。

五、调查地点

酒店前厅。

六、调查时间

____年__月__日__时__分至__时__分。

七、调查内容及分析

从总体上看，在我们调查的 20 人中，有 15 名男性、5 名女性；年龄层在 25 ~ 35 岁的有 10 名，占总数的 50%，年龄最大的为 53 岁。在这些调查对象中，有 80% 属于管理人员和销售人员，月收入基本在 2 000 ~ 8 000 元，住酒店的目的基本都是参加政府会议和商务洽谈。其中，70% 的客户都是通过工作单位的直接安排入住本酒店，仅有 30% 的客户是通过旅行社及其他中介机构获得本酒店的信息。

从总体上看，在客户对本酒店的评分中，有 70% 的分数集中在 3 ~ 4 分，说明客户对酒店的整体印象不错，口碑良好。客户主要对本酒店客房的清洁状况、餐厅的菜肴风味以及服务人员的服务质量反映均为良好。因此，在调查的 20 人中，有 16 人表示会再次入住该酒店，比率高达 80%。

以下是针对调查内容整理、制作的客户评分统计表以及对评分分布状态的总结。

（续）

1．客房状况评分的统计结果

客房状况评分统计表

项目＼评分	1分	2分	3分	4分	5分
第一印象	0	13.3%	26.7%	53.3%	6.7%
设施布局	0	13.3%	53.3%	26.7%	6.7%
清洁状况	0	20%	0	40%	40%
通风状况	0	13.3%	20%	53.4%	13.3%

上表显示，客户对酒店的第一印象较好，对入住状况的满意度较高，说明酒店客房能够满足客户的需求。

2．餐饮状况评分的统计结果

餐饮状况评分统计表

项目＼评分	1分	2分	3分	4分	5分	不清楚
就餐环境	0	0	27%	59.7%	6.7%	6.6%
菜肴风味	6.7%	6.7%	30.7%	36%	13.3%	6.6%
上菜效率	6.7%	0	23%	37%	20%	13.3%

上表显示，虽然对酒店的餐饮状况表示满意的客户占多数，但还是有部分客户对菜肴风味和上菜效率存在不满，酒店对上述两方面应加强改进。

3．服务质量评分的统计结果

服务质量评分统计表

项目＼评分	1分	2分	3分	4分	5分
服饰外表	0	0	33.3%	33.3%	33.3%
礼貌谈吐	0	0	20%	46.7%	33.3%
服务水平	0	6.7%	33.3%	40%	20%

上表显示，绝大部分客户对酒店的服务质量持肯定态度，这也充分符合酒店以质量和品牌赢得客户的竞争策略。

（续）

4．安全状况评分的统计结果

安全状况评分统计表

评分 项目	1分	2分	3分	4分	5分
安全情况	0	0	40%	13.3%	46.7%

上表显示，绝大部分客户对此项持肯定态度。

5．康乐设施评分的统计结果

康乐设施评分统计表

评分 项目	1分	2分	3分	4分	5分	不清楚
康乐设施	0	13.3	53.3%	6.7%	6.7%	20%

上表显示，虽然大部分客户对酒店康乐设施要求并不高，但也有客户抱怨网速较慢，还有部分客户反映没有使用过酒店的康乐设施。

6．酒店交通状况评分的统计结果

酒店交通状况评分统计表

评分 项目	1分	2分	3分	4分	5分
交通状况	0	0	20%	33.3%	46.7%

上表显示，客户对酒店地处市中心、交通便利的地理优势比较满意。

八、调查结论及对策

通过调查，绝大部分客户对于酒店总体运营状况的满意度较高，比如客房的清洁状况、菜肴风味、服务员的素质等，但是仍有客户提出酒店应在设施、餐饮及服务方面进行改进。在调查过程中，我们发现酒店因为无侧门，所有物品进出都必须通过大堂，这样既造成酒店自身环境的不协调，又影响了客户的进出，同时客户反映较多的是酒店部分设施陈旧的问题。

因此，建议酒店在以下三个方面加大改善力度。

1．采取多种形式全面宣传酒店的人文理念和企业文化，以不断提高酒店的知名度和美誉度。

2．继续进行酒店设施的改造，不断使酒店的品位、档次升级。

3．不断深化经营改革，采取各种激励措施，推进全员促销、优化客源结构。

九、公关活动拜访计划表

日期	客户情况				拜访目的	准备材料	备注
	公司名称	地址	姓名	职务			

十、公关活动统计情况表

日期	公关媒介	宣传内容	活动形式	费用	次数	备注

十一、月度公关拜访汇总表

日期：____年__月__日至____年__月__日

本月走访客户数： 新增客户数：

走访概况以及客户要求（一）	
走访概况以及客户要求（二）	
存在的问题以及下月工作计划	

十二、重要客户接待计划表

<table>
<tr><td rowspan="3">来宾姓名或团队名称</td><td rowspan="3"></td><td rowspan="3">人数</td><td>外宾</td><td rowspan="3">男</td><td></td><td rowspan="3">女</td><td></td><td rowspan="3">合计</td><td></td></tr>
<tr><td>内宾</td><td></td><td></td><td></td></tr>
<tr><td>华侨</td><td></td><td></td><td></td></tr>
<tr><td>从何处来</td><td></td><td>抵店日期</td><td colspan="3">____年__月__日</td><td colspan="3">车次或班（包）机</td><td></td></tr>
<tr><td>到何处去</td><td></td><td>离店日期</td><td colspan="3">____年__月__日</td><td colspan="3">车次或班（包）机</td><td></td></tr>
<tr><td rowspan="9">住宿安排</td><td>标准房</td><td></td><td rowspan="9">布置要求</td><td colspan="6"></td></tr>
<tr><td>豪华房</td><td></td><td colspan="6"></td></tr>
<tr><td>行政房</td><td></td><td colspan="6"></td></tr>
<tr><td>商务房</td><td></td><td colspan="6"></td></tr>
<tr><td>复式套房</td><td></td><td colspan="6"></td></tr>
<tr><td>高级套房</td><td></td><td colspan="6"></td></tr>
<tr><td>行政商务房</td><td></td><td colspan="6"></td></tr>
<tr><td>行政套房</td><td></td><td colspan="6"></td></tr>
<tr><td>总统套房</td><td></td><td colspan="6"></td></tr>
<tr><td rowspan="4">就餐安排</td><td>就餐事宜</td><td colspan="2">就餐日期</td><td colspan="2">就餐地点</td><td colspan="2">中式餐</td><td>西式餐</td><td>就餐标准</td></tr>
<tr><td>早　餐</td><td colspan="2"></td><td colspan="2"></td><td colspan="2"></td><td></td><td></td></tr>
<tr><td>午　餐</td><td colspan="2"></td><td colspan="2"></td><td colspan="2"></td><td></td><td></td></tr>
<tr><td>晚　餐</td><td colspan="2"></td><td colspan="2"></td><td colspan="2"></td><td></td><td></td></tr>
</table>

十三、美工使用申请表

<table>
<tr><td colspan="4">美工使用部门填写</td></tr>
<tr><td>使用部门</td><td></td><td>发出日期</td><td></td></tr>
<tr><td>编　　号</td><td></td><td>使用日期</td><td></td></tr>
<tr><td>主　　题</td><td colspan="3"></td></tr>
<tr><td>资料说明</td><td colspan="3"></td></tr>
<tr><td>美工使用部门经理意见</td><td colspan="3">部门经理签名：</td></tr>
</table>

（续）

公关部填写	
材料成本说明	
美工意见	美工签名：
公关部经理意见	部门经理签名：

第六节 酒店企划组工作质量提升方案

一、开业广告策划方案

标 题	开业广告策划方案		文件编号		版本	
执行部门		监督部门		考证部门		

当今广告媒体形式丰富，各有特色，功能也不尽相同，为使广告信息能以最少的投入达到最佳的传播效果，策划广告时必须考虑酒店本身、地域以及媒体特质等综合因素。以下方案仅供参考。

一、广告目的

1. 告知公众本酒店即将开业。

2. 让广告覆盖本省全部城市，影响部分客户向本酒店转移。

3. 树立酒店的品牌形象，短期内迅速扩大本酒店的社会影响和知名度。

4. 突出表现特有企业文化与竞争对手明显的差异。

5. 酒店开业期间为销售淡季，有效的广告能吸引众多商务散客的光临。

二、广告目标受众

根据对本地市场和酒店营销工作的分析，确定开业阶段（开业后一年左右）广告的主要目标受众是当地商务客户、会议客户以及政府机关、企事业单位、高收入群体。

三、广告策划的基本原则

1. 广告要起到提升酒店的优秀形象和品牌含金量的作用。

2. 广告的整体定位应符合酒店的市场定位，并符合潜在客户的品位。

3. 广告词只强调一个诉求点，使客户一眼就能看出是本酒店的广告。

4. 整体广告要有亲切感，并带有情感引导因素。

四、广告内容

1. 酒店形象宣传（针对商务客户），即介绍酒店的外观以及客房、餐厅、会议设施的功能等。

（续）

广告词要求：突出酒店是客户的商务合作伙伴，诉求点可以是无与伦比的价格、产品或服务，也可以是酒店所特有的氛围，以满足商务客户特有的理性需求与社交需求。 2．会议产品展示（针对会议客户），即介绍豪华的会议厅、宴会厅、一流的会议设施、设备等。 广告词要求：重点强调一流的设施、设备，训练有素的员工将会向客户提供一流的服务。 3．营造家的感觉（针对商务、旅游客户以及高收入群体），即通过宣传酒店的客房设备、康乐设施、酒店外繁华都市夜景等实景图片来营造一种温馨、舒适、安全的感觉。 广告词要求：重点突出酒店会为客户营造出一种温馨、舒适、安全的感觉。例如，“您将入住的是一家四星级酒店，您将感受到家一般的温暖，我们将为您提供最好的服务”。 五、媒体选择与广告投放计划 1．户外大小型路牌、路标广告 广告投放位置：酒店门前、机场、市内主要交通干线、商业区等。 受众人群：商务、政务人士等。 路牌、路标广告特点：广告时效性长、醒目，易于被目标受众接受。 广告投放时间要求：在试营业期间完成（此类广告审批和制作时间较长，若确定此类广告，公关处员工需要去相关路段实地查看广告位置及代理广告商联系方式）。 2．车体广告 广告投放位置：公交车（具体线路待定）、出租车、机场巴士等。 受众人群：本地民众、外来商务人士。 车体广告特点：时效性强。 广告投放时间要求：在____月____日左右完成。 3．报纸广告 广告投放位置：略。 受众人群：目标人群众多。 报纸广告特点：报纸只适合酒店用来发布通知性的广告，即开业、试营业庆典以及新产品介绍等。 广告投放时间要求：最好的时段选择应为试营业前7天至开业当日，酒店应将广告分别登在两家报纸上，即单号一家、双号一家。 4．电视广告 广告投放位置：略。 受众人群：本地从事商务活动的外国人、外资企业代表、本地企业机关职工和普通民众等。 电视广告特点：覆盖面广，电视有有声、动态和色彩的优势，酒店可通过塑造形象进行定位；同时，考虑到繁忙的商务人士很少有时间看电视，建议电视广告只适合用来投放开业类的广告，并于两个收视率较高的经济频道播出，以提高电视广告的成功率与投放效果。 广告投放时间要求：在开业和试营业前7天左右投放为佳。

（续）

5．航空杂志 广告投放位置：略。 受众人群：在机场候机以及飞机上的乘客（大部分为商务人士）。 航空杂志广告特点：航空杂志广告针对性强，广告费用相对较低，同时，杂志还具有收藏性。 广告投放时间要求：____年__月和__月两期。 六、广告费用预算 以节约费用为原则安排一次广告的投放事宜。根据酒店的现有规模以及广告费用与广告投放后赢利增加额度之间的预测比例，规避较大的经营风险，采取低调入市策略，总体广告费用控制在____万元左右。广告预算的分配如下： 1．广告策划费用为____万元； 2．各类型广告的制作费用总额为____万元； 3．广告媒体购买费用总额为____万元； 4．预留出____万元以备应急。	
相关说明	

二、公关营销策划方案

标　　题	公关营销策划方案		文件编号		版本	
执行部门		监督部门		考证部门		

根据酒店目前的情况，应树立“以市场为先导，以销售为龙头“的经营理念，更好地开展销售工作，制订营销方案和市场推广计划，并在工作中逐步实施。

一、目标任务

1．客房目标任务：____万元 / 年

2．餐饮目标任务：____万元 / 年

3．起止时间：自____年__月至____年__月

二、形势分析

1．市场形势分析

（1）今年全市酒店客房 8000 余间，预计今年还会增加 3 ~ 4 家酒店。

（2）竞争形势会相当激烈，削价竞争仍会持续。

（3）今年与本酒店竞争团队市场的酒店主要有：A 大酒店、B 大酒店、C 宾馆、D 大酒店。

（4）今年与本酒店竞争散客市场的酒店主要有：F 大酒店、G 大酒店、H 宾馆、K 大酒店。

（5）预测前景。新酒店相继开业，团队市场竞争会更加激烈，散客市场仍保持相对平稳，会议市场潜力较大。

（续）

2．竞争优势与劣势

（1）本酒店的竞争优势。

① 地理位置好。

② 酒店知名度高、客房品种全。

③ 餐饮、会务设施全。

（2）本酒店的竞争劣势。

本酒店被高星级酒店包围、设施、设备虽翻新过，但与周围酒店相比还是有差距的。

三、市场定位

作为本地中高档旅游商务型酒店，本酒店充分发挥地理位置优势，餐饮、会务设施优势，瞄准中高层次消费群体（如国内标准团队、境外旅游团队、商务散客）。

1．客源市场分析

（1）团队：本地旅行社及外地旅行社。

（2）散客：本地商务散客及外地商务散客。

（3）会议：政府各职能部门、事业机构及商务公司。

2．销售季节划分

（1）旺季：1、2、3、4、5、10、11、12 月（其中，黄金月份：2 月、10 月）。

（2）平季：7、8 月。

（3）淡季：6、9 月。

3．旅行社分类

（1）按团量大小分成 A、B、C 类。

①A 类：旅行社名称略。

②B 类：旅行社名称略。

③C 类：旅行社名称略。

（2）按不同分类制定不同旅行社团队价格。

① 稳定 A 类客户，逐步提高价格。

② 大力发展 B 类、C 类客户，扩大 B 类、C 类客户比例。

4．确定重点合作的旅行社

四、不同季节的销售策略

本酒店根据不同的季节制定了不同的销售策略，根据酒店淡旺季和黄金周制定了相应的价格；根据团队、散客比例，每日营业收入，制定月度完成任务以及各月份工作重点。

1．旺季：1、2、3、4、5、10、11、12 月

各月份具体的销售策略如下。

（1）每天接待团队与散客预订的比例____：____。

（2）客房团队价：____元 / 间，散客平均房价____元 / 间。

（续）

（3）月平均开房率为____%，即____间 / 日。

（4）每日营业收入：团队日营业收入为____元，散客日营业收入为____元；6 个月的总收入为____元，月平均营业收入为____元。

（5）各月工作重点。

①1 月工作重点如下。

- 加强对春节市场的调查，制定促销方案。
- 加强会务促销。
- 加强商务促销。
- 加强婚宴促销。

②2 月工作重点如下。

- 加强会务、商务促销。
- 加强婚宴促销。

③3 月工作重点如下。

“五一”期间客房销售于 3 月中下旬完成促销及接待方案。

④4 月工作重点如下。

- 加强会务、商务促销。
- 加强婚宴促销。
- 加强对“五一”市场的调查，制定促销方案。

⑤11、12 月工作重点如下。

- 加强对春节市场的调查。
- 加强会务促销。
- 加强商务促销。
- 加强婚宴促销。

2. 平季：7、8 月

各月份具体的销售策略如下。

（1）每天接待团队与散客预订的比例____：____。

（2）客房团队价：____元 / 间，散客平均房价____元 / 间。

（3）月平均开房率为____%，即____间 / 日。

（4）每日营业收入：团队日营业收入为____元，散客日营业收入为____元；2 个月的总收入为____元，月平均营业收入为____元。

（5）各月工作重点。

①7 月工作重点如下。

- 加强暑期师生活动促销、加强商务散客促销。
- 制定“谢师宴”方案、制定中秋节活动促销方案，7 月中旬餐饮部完成菜谱方案、销售部完成

（续）

广告宣传促销方案、各项工作逐步开展。

• 中秋节——月饼促销，7月中下旬餐饮部完成中秋节菜单制作方案、销售部完成广告宣传促销方案、各项工作逐步开展。

②8月工作重点如下。

• 加强暑期师生活动促销。
• 加强“谢师宴”促销。
• 加强商务散客促销，制定9月团队、散客用房与中秋节奖励促销方案。
• 加强国庆节客房、节后婚宴促销。
• 8月下旬餐饮部完成圣诞节菜单制作方案，餐饮部、销售部完成接待及促销方案。

3．淡季：6、9月

各月份具体的销售策略如下。

（1）每天接待团队与散客预订的比例____：____。

（2）客房团队价：____元/间，散客平均房价____元/间。

（3）月平均开房率为____%，即____间/日。

（4）每日营业收入：团队日营业收入为____元，散客日营业收入为____元；2个月的总收入为____元，月平均营业收入为____元。

（5）各月工作重点。

①6月工作重点如下。

• 加强对“高考房”市场的调查。
• 加强暑期师生活动促销。
• 加强商务促销。

②9月工作重点如下。

• 加强会务促销。
• 加强商务促销。
• 加强对国庆节市场的调查，制定促销方案。
• 制定圣诞节活动方案。

五、市场推广方法

1．营销部

（1）旅行社客源。

①在旺季追求利润最大化，在淡季追求高出租率，吸引各个旅行社团队。

②稳住本地的主要大旅行社、寻访外地旅行社和国内主要游览地的旅行社，力争成为他们的指定酒店。

③推出“年价团队房”（一年一个价）。

④为扩大餐饮消费，团队要求含早餐、正餐。

（续）

⑤ 加强国外团队、会议等促销。

（2）会务客源促销。

① 促销时间为上半年 1 月至 4 月、下半年 10 月至 12 月。

② 促销对象是政府各职能部门、本地商务公司、外地商务公司。

③ 建立外地酒店联盟对接会务、散客。

④ 健全代理制度，组织省内外会务客源。策划一些学术研讨会、培训班会议等。

（3）散客客源。

散客市场是本酒店最主要的客源市场。在开拓散客市场方面，重点是本地散客市场，其次是周边地区散客市场，从战略方向上来讲，酒店还要重视其他大中型城市的散客市场。

① 针对散客，客房、餐饮捆绑销售，客户在酒店住房，可同时在餐饮、娱乐方面享受不同程度的优惠。

② 根据客户的不同需要，设计多种入住套餐。

③ 大力发展长住散客。

④ 开辟网上订房途径，加强网络促销。

2．餐饮部

（1）增加品种和特色菜，降低价格，提高质量。

（2）举办“美食节”和中西餐培训班。

（3）节日期间推出相应的团圆宴、长寿宴、婚庆宴等。

（4）开展有奖销售活动，例如，赠送客房、小礼品、鲜花，或者免费接送、电视台、电台送歌等。

（5）给旅行社折扣，增加团队指定用餐消费。例如，增加团队自点餐和风味餐消费。

3．建立内部消费链

通过内外促销宣传链完成内部消费链。

（1）外部宣传和促销。

① 与新闻媒体进行全面合作，除正常的广告播放和栏目的合作外，酒店应抓住时机策划并炒作一些临时性的新闻报道宣传，提高酒店的知名度和美誉度。

② 利用交通工具进行宣传。例如，飞机上的介绍和代理订房业务，本地豪华巴士的宣传和代理订房业务。

③ 人员促销、交易会促销、信函促销，通过旅行社，电子邮件，其他媒体等宣传。

（2）内部宣传网。

客户进店后，如果酒店要促成每项消费，就必须把每项服务介绍给他们，这就需要建立内部宣传网，即制作总体设施灯箱和图片，从客户走进酒店的大厅开始，就能了解酒店的基本设施情况；走进电梯后，又能进一步看到酒店服务介绍。

4．提高回头率

留住客户的手段除了硬件配套外，还有软件（包括服务、餐饮质量等），同时还可以采取赠送和让利的策略。例如，推行“住房消费积分卡”，即消费达到一定的金额后，享受赠送房间或凭此卡享受优

（续）

惠折扣；住满一定天数后，凭此卡可申请 VIP 金卡或银卡，赠送娱乐消费。

5．改变客源结构

（1）改变团队结构。

改变团队结构，提高团队房价。增加合作旅行社（中小旅行社），不求每社单量，而求积少成多；提高旅行社接团档次，提高开房客户档次，减少对客房物品的损耗，增加入住后客户的潜在消费。

（2）改变团散比例。

改变团散比例是指在散客市场稳中有增的情况下，降低团队接待量。

6．开源节流、强化管理

（1）健全团队、散客下单程序、复查程序，公开旅游、车、票等代理价格，堵塞销售漏洞。

（2）进一步强化销售员工培训，提高员工素质与业务水平。

（3）调配部门层级设制，定岗定编，降低销售成本。

（4）目标考核，制定内外激励机制，调动全体员工的工作积极性。

六、激励措施

1．销售部

（1）目标考核指标，按方案中淡旺季各月任务标准执行。

（2）工资发放。

① 总监、经理（助理）：____% 保底，____% 按完成部门目标比例发放，20% 按酒店完成目标比例发放，每月扣除，半年总评，完成任务补发。

② 部门员工按工资总额的____% 保底，____% 浮动（按当月部门完成任务比例发放），每月扣除，半年总评，完成任务补发。

③ 超额完成任务的按超出比例____% 发放奖励，当月兑现超出部分奖金。

④ 给散客销售代表提成奖励。

• 散客房达到____元 / 间或以上奖励，____元 / 间（给散客销售代表 4 元，部门 1 元）当月兑现奖金。

• 为了便于对销售代表进行考核，凡协议单位、销售部下单散客均计散客任务和提成（总公司客户计入任务，但不计提成）。

⑤ 销售费用包括通信、交通、招待、办公费用等，均按酒店财务现行标准执行；但营销总监个人交通、通信费用由总经理决定。各项宣传促销费用按促销方案提前明示。

2．前厅部

（1）目标考核指标：15 万元 / 月（在客房销售总任务之内）。

（2）工资发放。

① 经理：____% 保底，____% 按完成部门目标比例发放，____% 按酒店完成目标比例发放，每月扣除，半年总评，完成任务补发。

② 部门员工按工资总额的____% 保底，____% 浮动（按当月部门完成任务比例发放），每月扣除，半年总评，完成任务补发。

（续）

③ 超额完成任务的按超出比例____% 发放奖励，当月兑现超出部分奖金。 ④ 给散客销售代表提成奖励。 • 散客房达到____元/间或以上奖励，____元/间（给散客销售代表4元，部门1元）当月兑现奖金。 • 为了便于对销售代表进行考核，凡协议单位、营销部下单散客均计散客任务和提成。 3．餐饮部 （1）目标考核指标：____万元/月。 （2）工资发放。 ① 经理：____% 保底，____% 按完成部门目标比例发放，20% 按酒店完成目标比例发放，每月扣除，半年总评，完成任务补发。 ② 部门员工按工资总额的____% 保底，____% 浮动（按当月部门完成任务比例发给），每月扣除，半年总评，完成任务补发。 ③ 超额完成任务的按超出比例____% 发放奖励，当月兑现超出部分奖金。 ④ 成本节约奖励：餐饮成本在酒店财务规定的比例以下节约部分的____% 奖励，其中给当班人（组）____%，部门____%，当月兑现奖金。

相关说明	

三、酒店形象塑造活动方案

标　　题	酒店形象塑造活动方案		文件编号		版本	
执行部门		监督部门		考证部门		

一、项目调查

通过大量的市场调查，对本酒店的基本情况进行全面的分析、总结，寻找全新的市场定位，利用拥有独特的酒店资源和接待资源，重新整合各种资源，确定酒店的优势和发展目标。

二、项目策略

1．目标

重塑本酒店的形象。

2．策略

（1）密切联系目标受众，创造良好的人际传播渠道。依靠酒店周围的商务中心的客户替酒店做宣传。

（2）全面强化商务公共关系，拓展商务市场。得到酒店周围的商务中心的客户的认可、帮助与支持，并通过商务中心的客户的特殊影响力，扩大酒店知名度，拓展酒店商务市场业务。

（3）在服务中传播，在传播中营销。采用“在服务中传播，在传播中营销”的传播方式，依靠酒店商务形象塑造的实际行动宣传自身的特点，依靠为酒店周围的商务中心的客户提供优质的服务所产生的良好口碑宣传酒店的形象；通过新形象的不断深化，使酒店周围的商务中心的客户等目标受众对酒店产生认同，从而创造客户的忠诚度和酒店的美誉度，提高酒店的社会效益和经济效益。

（续）

三、项目实施

1．发挥自身优势，重塑品牌形象

（1）树立商务酒店的品牌形象。

（2）注入商务酒店的亲和力，将酒店打造成商务客户的“家”。

（3）将酒店形象建设融入到企业文化之中。

2．强化自身品质，提升品牌形象

（1）调整酒店内部管理机制。

① 优化组织结构，重新定岗定责。

② 以人为本，加强内部管理，规范各项服务流程。

③ 建立绩效考评体系，调动员工的工作积极性。

（2）强化员工培训。

① 更新服务理念，发挥团结协作精神，提高服务技能和水平。

② 学习先进经验，创新服务。

3．利用各种途径，宣传品牌形象

（1）建立酒店形象识别系统。

（2）内部强化酒店形象。制作一批具有人情味、个性化的宣传画，一方面可以美化酒店的环境；另一方面可以在潜移默化中让客户加深对酒店品牌的印象。

（3）向公众宣传酒店形象。在媒体发布关于酒店品牌形象策略的系列报道，引起全社会的普遍关注和同行的积极呼应，从而有效地传达酒店经营新理念，传播酒店的品牌形象。

4．利用政府资源宣传酒店

（1）制定出一套适合商务活动的服务模式，营造商务活动的最佳环境，创造最佳气氛，把酒店变成商务活动的“舞台”，让商务客户乐意来此组织各项活动。

（2）将客户的商务活动当做自己酒店的商务活动来组织，以“主人”的身份为主办单位服务，这种参与和服务能有效缩短酒店与主办单位之间的距离。

（3）将客户的商务活动当做酒店的公关活动来组织。凡有商务活动的场合，都能见到酒店公关处的工作人员，他们不但在现场指挥、协调工作，而且面对面地与客户沟通、交流，直接听取客户的意见和建议。

（4）争取大型商务活动的举办权。

5．在服务中传播，在传播中营销

（1）采取一整套与目标受众联系的措施。例如，酒店的 VIP 客户在入住时会收到一张欢迎贺卡，离开酒店回到所在地时会收到一张问候贺卡，逢节假日酒店的目标受众都会收到来自酒店的问候和祝福。

（2）建立重点客户的生活习惯档案，为这些客户提供符合其所需的个性化、人情化的服务。

（续）

（3）设置专门机构，组织专人调查研究目标受众的心理与需求，进而制定出相应的服务措施，力求使酒店的服务让每一位客户满意。 四、项目评估 1．实现商务酒店的品牌更新 在酒店的商务接待等方面突出人情味、个性化的风格和特色，得到目标受众的认可和支持。 2．短期内迅速提高知名度 3．有效拓展商务酒店市场 通过积极推行“客户完全满意”的理念，努力提高服务质量，形成属于商务酒店特有的风格和特色，获得客户的认同。 4．取得良好的经济效益 由于形象突出、营销策略得当，本酒店在完成各项接待任务的同时，经济效益得到大幅度提高，营业额增长迅速。 5．建立良好的公共关系 经过酒店全体员工的共同努力，酒店的品牌形象在赢得业界认同的同时，知名度、美誉度也得到了很大的提升，名副其实的成为商务客户的“家”，成为本地区酒店行业的标杆。	
相关说明	

四、圣诞节促销活动方案

标　　题	圣诞节促销活动方案		文件编号		版本	
执行部门		监督部门		考证部门		

一、活动主题

神奇圣诞、飞天狂欢。

二、活动目的

以娱乐项目带动酒店经营收入的全面提高，提高酒店的知名度。

三、活动时间

____年__月__日至____年__月__日。

四、活动地点

酒店餐饮大楼二楼歌舞厅、三楼酒吧。

五、活动内容

1．__月__日至__月__日指定啤酒特惠专场。活动期间，二楼歌舞厅的 ×× 牌啤酒____元 / 半打，三楼酒吧 ×× 牌啤酒一律____元 / 半打。注意，本活动可联系酒水供应商提供活动所需费用的赞助。

（续）

2. 公关处设计并派发圣诞节贺卡，发送对象为VIP级或与本酒店有长期消费协议的客户，以增进与客户的沟通和交流，吸引客户来店消费。每张圣诞节贺卡可附送一张免费的KTV包房消费券，此券有效期为____年__月__日至____年__月__日（12月24日至26日、1月1日除外）。于12月24日和25日光临本酒店餐饮大楼二楼歌舞厅、三楼酒吧的客户，将会收到酒店派送的1份圣诞节大礼包。

3. 酒店将于____月____日至____月____日（12月24日至26日、1月1日除外）举办KTV消费满额即送大礼活动。具体活动内容如下。

（1）凡客户在KTV消费满200元（含200元）以上，即赠送指定啤酒半打与圣诞节礼品包、新年台历各1份。

（2）凡客户在KTV消费满200 ~ 500元（含500元）以上，即赠送指定啤酒1打与圣诞节礼品包、新年台历各1份。

（3）凡客户在KTV消费满500元以上，即赠送指定啤酒1打与圣诞节礼品包、新年台历各2份，或者指定啤酒2打与圣诞节礼品包、新年台历各1份。

4. 酒店于平安夜（12月24日23：00）在餐饮大楼的三楼酒吧开展圣诞节福星评选活动。12月24日当天，酒店将于商务中心商场设置圣诞节服装售卖点，客户可自由购买，参加福星评选。评选办法如下。

（1）12月24日当天，所有消费半打指定啤酒的客户可获2张选票，多买多得。

（2）圣诞节福星评选活动在12月24日23:00正式开始，参加评选的客户进入酒吧，由现场其他客户参与评选。如果谁获得的选票最多，谁就成为当晚的圣诞节福星，可获得由酒店提供的圣诞节大奖（具体奖品待定）及1打指定啤酒。

5. 酒店于12月25日20：00在餐饮大楼的二楼歌舞厅举办欢乐圣诞节游艺活动。活动内容如下。

（1）套圈游戏：地上摆放啤酒、彩喷、圣诞节礼品包、公仔等，由客户于4米外抛掷套圈，套中即奖。

（2）夹玻璃球游戏：客户在规定时间（30秒）内，夹完盒内玻璃球，即可领取奖品。

（3）掷色子擂台赛游戏：由保安部选派保安1名，穿戴圣诞节服饰作为擂主，以半打啤酒、圣诞节礼品、彩喷、公仔为守擂资本；客户可用获赠的啤酒或圣诞节礼品作为打擂资本，上前与擂主打擂，赢者即可获得相应的奖品、输者即输掉打擂资本，即由后者补上。

六、需要其他部门协作的事宜

需其他部门协作的事宜一览表

时　间	具体事由	部　门	负责人
12月6日	圣诞节礼品的购买	采购部	
12月10日	外围灯饰的安装	工程部	
12月8日至10日	圣诞节贺卡的印刷	营销部公关处	

（续）

时　间	具体事由	部　门	负责人
12月8日至10日	礼品盒包装及摆放	康乐部	
12月8日至10日	圣诞节场景布置	营销部公关处	
12月10日	圣诞树灯饰安装	工程部	
12月15日	圣诞节广告喷绘	营销部公关处	
12月24日	圣诞节福星评选	营销部公关处	
12月24日	圣诞节礼品的摆卖	前厅部商场	
12月24日	圣诞节游艺活动	保安部	
12月24日	圣诞老人、天使	保安部	
12月24日	圣诞节倒计时活动	康乐部	

七、促销活动经费

略。

相关说明	

五、中秋节营销策划方案

标　　题	中秋节营销策划方案		文件编号		版本	
执行部门		监督部门		考证部门		

一、策划目的

1．发扬、提升酒店文化知名度，促进酒店发展战略的实现。

2. 借中国传统佳节——中秋节，通过组织一系列活动，吸引客户光临，扩大酒店的知名度和美誉度，促进酒店经营业绩的提升。

二、活动主题

“迎中秋，庆团圆，共赏月”，增加对中国传统文化的了解，突出亲情和团圆的气氛。

三、活动安排

1．婚庆服务

（1）婚宴服务可为婚礼全程提供免费服务项目，还可以提供具有中国传统文化情趣的助兴项目（如贺喜礼品、室内花轿等）。

（2）具体执行部门为营销部、餐饮部，配合部门为行政部。

2．就餐送月饼活动

（1）对于在中秋节的前一天、中秋节当天和中秋节的第二天到酒店用餐、住宿的客户，酒店根

（续）

据其消费额的不同赠送三种不同价位档次的月饼。

（2）对于一家三代同时就餐的客户，酒店除赠送月饼外，另赠送一份价值为40元的酒店传统菜肴。

3．迎中秋抽奖活动

（1）在每一个餐桌上发放一份关于酒店发展历史和特色菜肴的宣传材料。

（2）由酒店工作人员在酒店一楼大厅搭建的临时舞台上抽取桌位号。

（3）被抽到号码的客户可到舞台上回答与酒店发展历史和菜系有关的问题。

（4）回答正确的客户可抽取奖品。奖品的中奖率控制在30%左右。

（5）舞台搭建由营销部和工程部负责。活动所需物品的采购由采购部负责。

4．慰问活动

慰问曾下榻本酒店的名人，借助他们的人气提高酒店的知名度。

四、费用安排

1．本次营销策划活动预计总费用支出在8万元，最高不超过10万元。其中，第1项活动支出控制在3万元；第2项活动支出控制在1.5万元；第3项活动控制在3万元；第4项活动控制在0.5万元。

2．费用控制由财务部负责，各项活动所需物品的采购均由相关部门报送至采购部，由采购部统一进行汇总，经财务部审核后实施采购。

五、宣传方式

1．街头宣传册的发放

客户凭宣传册可享受9折到9.5折的优惠。宣传册的印数初步定在5000册。

2．报纸宣传

选择和联系酒店所在地区影响面较广的平面媒体进行文化营销宣传。主要宣传广告语为"××酒店，真情无限"。

3．网络宣传

借助旅游网、管理网等媒体发布信息，针对不同的消费群体最大程度地造势，以进一步提高酒店的知名度和美誉度。

4．职能分配

将每个主题活动分解落实到相关部门，由各个部门具体制订执行和实施计划。每个主题活动的新闻报道稿也由对应部门撰写，由营销部联系媒体，争取早日发表。

5．宣传费用

由营销部制订详细的预算（宣传费用控制在5万元）和计划，经财务部审核同意后，由营销部组织实施。

6．活动总结

此次营销活动结束后，由营销部根据此次营销活动的情况撰写营销活动报告，对此次营销活动进行评价和总结，营销活动报告报总经理审阅，然后分发到各部门进行传阅。

相关说明	

六、酒店网络营销策划方案

标　题	酒店网络营销策划方案		文件编号		版本	
执行部门		监督部门		考证部门		

一、酒店网络营销策划目的

1. 适应信息化发展潮流及客户的多样化需求，提供便利、快捷的服务，提高酒店的市场竞争力及品牌影响力，实现可持续发展。

2. 促进客房订房量，达到酒店、客户双赢的局面；提高酒店的综合经济效应，实现酒店发展战略。

二、酒店网络营销定位

1. 受众群体定位

根据酒店客房档次（如高、中、低档），定位不同的受众群体，从而合理选择推广媒介。

2. 竞争对手定位

充分了解竞争对手的营销策略，对购买关键词与本酒店相同的竞争对手进行有效分析，做到知己知彼，从而取长补短，优化关键词。

3. 营销媒体定位

根据以上两种定位，进一步明确本酒店的网络营销媒体定位，占据好的互联网媒体资源，吸引大众眼球，扩大酒店知名度。

三、酒店网络营销策略选择

1. 产品策略

在酒店的产品网络营销中，客户可通过酒店的官网了解酒店的客房状态，从而作出预订决策。因此，做好网页设计和“虚拟客房”建设是酒店产品营销策略的关键。

（1）网页设计。网页设计的具体要求有以下几点：

① 酒店的官网主页应能够给客户留下比较强烈和突出的印象；

② 网页结构设计合理，层次清楚，内容全面，客户可轻易查询到相关信息；

③ 网页的链接方便浏览，传输速度和图片下载的速度快。

（2）虚拟客房。酒店利用计算机和互联网营造一间“虚拟客房”，让客户不仅能够对即将预订的客房有一个全方位的了解，还可以在“虚拟客房”内设计出自己喜爱的风格，突出本酒店特色，满足客户的多样化要求。

（3）短信平台与 WAP 站点。为了方便客户随时随地了解酒店的预订服务信息及优惠活动信息等，酒店可以根据需要组建自己的短信平台和 WAP 站点，吸引新客户，维护老客户，从而提升酒店的形象和知名度。

2. 价格策略

（1）适当降价。适当降低客房的价格，增加客房定价的透明度，建立合理的价格解释体系，消除客户对酒店价格的疑虑，提高酒店在同行业中的竞争力。

（续）

<table>
<tr><td colspan="2">

（2）灵活变价。为避免受到同行业酒店价格的冲击，本酒店可在官网上建立客房价格自动调节系统，按照旅游的淡旺季、市场供需情况以及其他酒店的价格变动等情况，在计算最大盈利的基础上自动地调整价格，同时可配合价格优惠、折扣等形式吸引客户。
（3）弹性议价。针对客户提出的可以接受的价格范围以及所需客房的楼层、朝向等，酒店可充分利用互联网具有的交互式特点和客户一起商议合理的价格，从而提高酒店订房服务效率，提升客户满意度。
3．渠道策略
酒店可通过多种方式不断完善网络营销渠道，如建立会员网络，提供免费的服务或产品等，以吸引更多客户。
4．促销策略
采取多种促销手段提高酒店网址网页的点击率和浏览率，以提高预定率。
四、酒店网络营销推广实施
1．电子邮件（E-mail）营销
酒店可以把宣传广告通过E-mail直接发给客户。E-mail发送对象应通过认真分析做出取舍，广告内容应精心设计，以免被客户当做垃圾邮件处理。
2．BBS营销
在各大门户网站及论坛编辑推广内容，比如引人入胜的酒店故事等。企划人员跟帖时要留下酒店网站的链接，以吸引客户，提高访问量及品牌辨识度。
3．微博营销
建立酒店官方微博，在微博上提出一些问题或发布、回复一些信息，吸引读者发表评论，发掘潜在客户，从而扩大客户群，为酒店带来更多的利润。
4．与旅行网站合作
旅行网站是在互联网上专门从事旅行服务的网站，它们的服务内容包括酒店预订、机票订购、景点介绍等。酒店应选择知名度高，与本酒店匹配度高的旅行网站进行合作。
5．知识型营销
酒店可通过以下方法吸引媒体和公众的兴趣与关注，从而提高酒店的知名度和美誉度，树立良好的品牌形象，最终达到促进销售的目的。
（1）建立一个在线疑难解答的互动频道，通过客户之间提问与解答的方式来提升客户黏性，让客户体验酒店的专业技术水平和高质服务。
（2）设置一块区域，专门向客户普及相关知识，每天定时更新等。

</td></tr>
<tr><td>相关说明</td><td></td></tr>
</table>

七、酒店微信营销策划方案

标　　题	酒店微信营销策划方案		文件编号		版本	
执行部门		监督部门		考证部门		

一、微信营销策划目的

1．开拓市场宣传新渠道，塑造酒店品牌形象。

2．增强与关注客户群的互动，进一步发展潜在客户，提高客房预定率。

二、活动时间

活动时间：2015 年 1 月 4 日—2016 年 4 月 30 日（2 月 7 日—2 月 14 日除外）

三、参与酒店

××酒店有限公司旗下各门店。

四、活动内容

首次通过微信预订并成功入驻本酒店的客户，即可享受 100 元 / 间·夜特价房（100 元 / 间·夜特价房不可与其他优惠措施同时使用）。参加本次活动在消费结束时即自动升级为本酒店会员，关注酒店微信即可获赠电子优惠券（电子优惠券见附件）。

五、微信宣传渠道策划

1．拓粉方法

（1）在微博、官网、酒店印刷品上添加微信二维码，客户扫二维码即可加入会员。

（2）通过网络群发短信或 E-mail 告知。

（3）通过会员自发分享，吸引更多关注获得优惠券。

（4）通过线下有奖活动刺激、吸引客户主动关注。

（5）通过线上实用信息或游戏活动吸引客户主动关注。

（6）建立老客户服务体系，增强粘度，实现口碑传播。

2．微信交流

对消费问题提供详细解答，引导客户进行有效转换。

六、费用预算

1．每家分店配备两部××品牌××型号手机，每部____元，已配备的除外。

2．每部手机办理一张 SIM 卡。

3．根据当地营业厅业务类型，为每个手机号办理月租为 100 元的套餐。

七、管理工作

1．酒店微信营销人员须保持 24 小时在线，方便发展粉丝并对粉丝的关注、提问、咨询、投诉等作出反馈。推送的优惠信息由市场部负责策划。

2．对于已经关注酒店微信的会员，建议只在每周三、周五发送 1 条信息，避免会员反感。

（续）

<table>
<tr><td colspan="2">附件：电子优惠券

电子优惠券

非常感谢您关注 ×× 酒店微信，您获得了 ×× 酒店 20 元电子优惠券（仅限本人入住使用。有效期为 2015 年 1 月 4 日——2016 年 4 月 30 日，有效期内可重复使用）。您可通过 ×× 酒店官方直营销售渠道或中介预订，入住立可抵扣房费，消费结束即自动升级为 ×× 酒店会员（可享受会员房价 9.3 折、延时退房到 13:00、房费积分等更多会员专属优惠）。

欢迎关注 ×× 酒店微信号：×××××××××。</td></tr>
<tr><td>相关说明</td><td></td></tr>
</table>

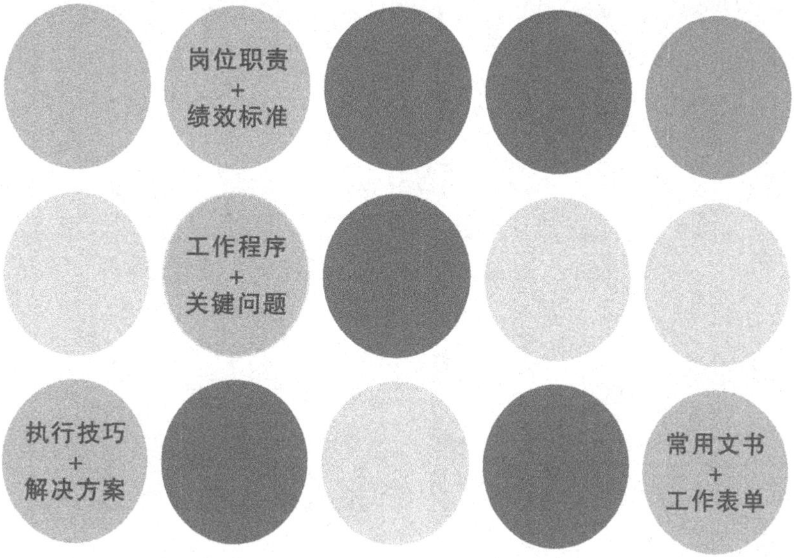

第三章

旅行社销售组精细化管理

第一节 旅行社销售组岗位职责描述

一、旅行社销售组岗位设置

<table>
<tr><th>旅行社销售组岗位设置</th><th>人员编制</th></tr>
<tr><td>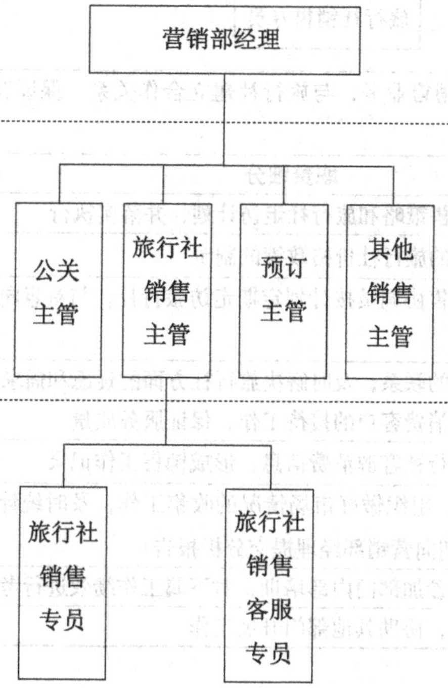
</td><td>经理级____人
主管级____人
专员级____人</td></tr>
<tr><td>相关说明</td><td></td></tr>
</table>

二、旅行社销售主管岗位职责

<table>
<tr><td>岗位名称</td><td>旅行社销售主管</td><td>所属部门</td><td>营销部</td><td>编　号</td><td></td></tr>
<tr><td>直属上级</td><td>营销部经理</td><td>直属下级</td><td>旅行社销售专员</td><td>晋升方向</td><td></td></tr>
<tr><td>所处管理位置</td><td colspan="5">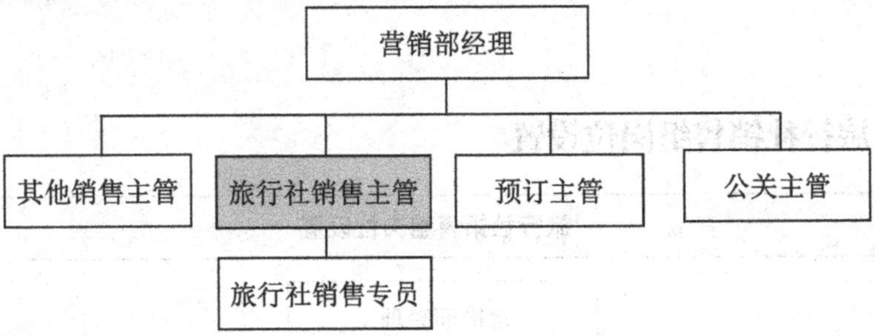
</td></tr>
<tr><td>职责概述</td><td colspan="5">负责酒店的旅行社销售业务，与旅行社建立合作关系，保证客源稳定，完成销售指标</td></tr>
<tr><td>职　责</td><td colspan="4">职责细分</td><td>职责类别</td></tr>
<tr><td rowspan="2">1. 旅行社销售计划制订与实施</td><td colspan="4">（1）制订旅行社销售策略和旅行社走访计划，并落实执行</td><td>周期性</td></tr>
<tr><td colspan="4">（2）参与酒店客房的旅行社价格政策的制定</td><td>周期性</td></tr>
<tr><td rowspan="2">2. 组织旅行社走访工作</td><td colspan="4">（1）组织旅行社销售协调员按计划定期走访旅行社，与有意向的客户洽谈合作事宜</td><td>日常性</td></tr>
<tr><td colspan="4">（2）保持与旅行社的联系，及时解决旅行社方面的疑虑和需求</td><td>日常性</td></tr>
<tr><td rowspan="2">3. 跟踪来店消费的客户</td><td colspan="4">（1）协调做好来店消费客户的接待工作，保证服务质量</td><td>日常性</td></tr>
<tr><td colspan="4">（2）记录、整理旅行社客源消费信息，形成销售工作记录</td><td>日常性</td></tr>
<tr><td>4. 收集客户反馈和市场信息</td><td colspan="4">关注旅游市场动态，组织做好市场情况的收集工作，及时统计、分析各类市场信息，定期向营销部经理提交分析报告</td><td>日常性</td></tr>
<tr><td rowspan="2">5. 其他工作</td><td colspan="4">（1）组织下属定期参加部门内部培训，对下属工作绩效进行考评</td><td>周期性</td></tr>
<tr><td colspan="4">（2）根据任务需要，协助其他部门开展工作</td><td>周期性</td></tr>
</table>

三、旅行社销售协调员岗位职责

<table>
<tr><td>岗位名称</td><td>旅行社销售协调员</td><td>所属部门</td><td>营销部</td><td>编　号</td><td></td></tr>
<tr><td>直属上级</td><td>旅行社销售主管</td><td>直属下级</td><td></td><td>晋升方向</td><td></td></tr>
<tr><td>所处管理位置</td><td colspan="5">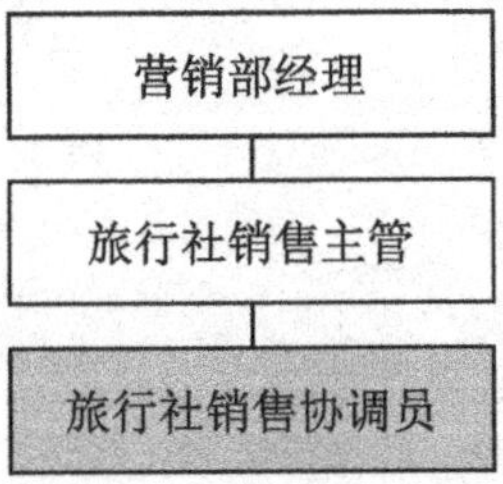
</td></tr>
</table>

（续）

职责概述	执行旅行社销售的具体工作，走访旅行社，宣传酒店产品，洽谈合作事宜	
职　责	职责细分	职责类别
1. 旅行社销售工作实施	（1）按计划定期走访旅行社，与旅行社建立良好关系	周期性
	（2）与有合作意向的旅行社谈判，签署协议或合同，建立合作关系	日常性
2. 维护与旅行社的合作关系	（1）保持与旅行社的电话、邮件、传真交流，及时沟通双方情况	日常性
	（2）定期向旅行社宣传酒店，介绍新增产品组合、服务项目	周期性
3. 协助相关部门接待客户	（1）协调酒店相关部门，做好来店旅行社团体客户的接待，保证服务质量	日常性
	（2）对客户住店期间的消费过程进行跟进，及时向营业部门或服务部门传达客户的意见或投诉	日常性
4. 收集市场信息	（1）时刻关注市场动态、合作旅行社及竞争对手的相关信息，并注意收集、整理	日常性
	（2）按时统计、分析收集的资料，定期提交工作报告	周期性

四、旅行社销售客服专员岗位职责

岗位名称	旅行社销售客服专员	所属部门	营销部	编　号	
直属上级	旅行社销售主管	直属下级		晋升方向	
所处管理位置	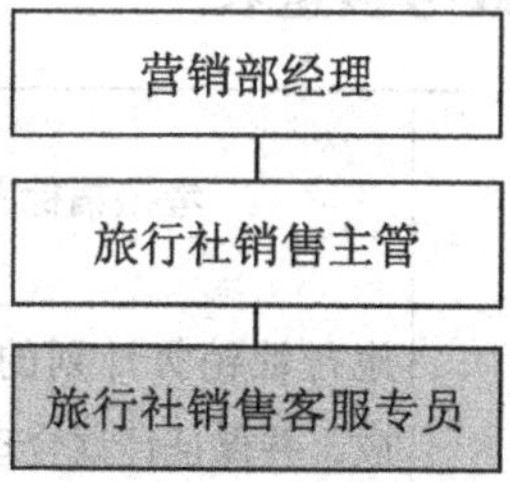				
职责概述	执行酒店客户服务制度和相关政策，提出客户服务改进建议，建立酒店客户档案，及时处理客户投诉，维护良好的客户关系				
职　责	职责细分				职责类别
1. 执行酒店客户服务制度和相关政策	遵守酒店有关的客户服务规章制度和政策，根据客户需要，为客户提供高质量的服务				日常性
2. 建立客户档案	根据客户在酒店的登记信息和其他部门提供的相关资料，建立客户数据档案				日常性

（续）

职　　责	职责细分	职责类别
3．提出客户服务改进建议	协助旅行社销售主管进行客户资料分析，并根据分析结果提出客户服务改进建议	周期性
4．及时处理客户投诉	（1）在出现客户投诉的情况下，应急时配合部门对客户投诉进行处理，并记录投诉内容	日常性
	（2）在8小时内，将投诉处理结果告知客户	日常性
	（3）在客户对投诉处理不满意的情况下，直接报告营销部经理，由营销部经理给出解决方案	日常性
5．维护良好的客户关系	（1）定期进行电话回访，以便及时与客户保持沟通，并将酒店的促销信息和其他信息告知客户	日常性
	（2）每逢过节或是客户的生日，可以通过电话或短信方式代表酒店向客户表示祝贺	日常性

第二节　旅行社销售组岗位考核量表

一、旅行社销售主管绩效考核量表

序号	考核内容	考核指标及目标值	考核实施	
			考 核 人	考核结果
1	制订旅行社销售计划	旅行社销售计划的制订工作及时完成，并保证计划合理、全面		
2	拓展旅行社销售业务	旅行社销售额达到____万元		
		旅行社销售利润率达到____%		
3	维护旅行社合作关系	客户首荐率达到____%		
4	组织市场信息收集工作	市场信息的掌握及时、全面		

二、旅行社销售协调员绩效考核量表

序号	考核内容	考核指标及目标值	考核实施	
			考 核 人	考核结果
1	定期旅行社销售拜访	保证走访任务完成率为100%		
		销售额达到____万元		
2	宣传酒店产品和销售政策	酒店新产品和政策的宣传及时、到位		
3	协调旅行社客源的接待工作	旅行社客源的接待工作差错率为0		
4	收集市场信息	市场信息收集全面、报告及时		

三、旅行社销售客服专员绩效考核量表

序号	考核内容	考核指标及目标值	考核实施	
			考 核 人	考核结果
1	执行酒店客户服务制度和相关政策	完全按照酒店的客户服务制度和政策为客户进行服务		
2	建立客户档案	酒店客户建档率达100%		
		酒店客户档案的丢失率为0		
3	提出客户服务改进建议	每月提出客户服务改进建议的数量要达到____条		
		每月提出客户服务改进建议被采纳的条数要达到____条		
4	及时处理客户投诉	客户投诉处理的及时性		
5	维持良好的客户关系	每月客户定期回访次数要到____次		
		客户定期回访得到客户有效反馈次数要达到____次		

第三节　旅行社销售组工作程序与关键问题

一、旅行社走访工作程序与关键问题

旅行社走访工作程序

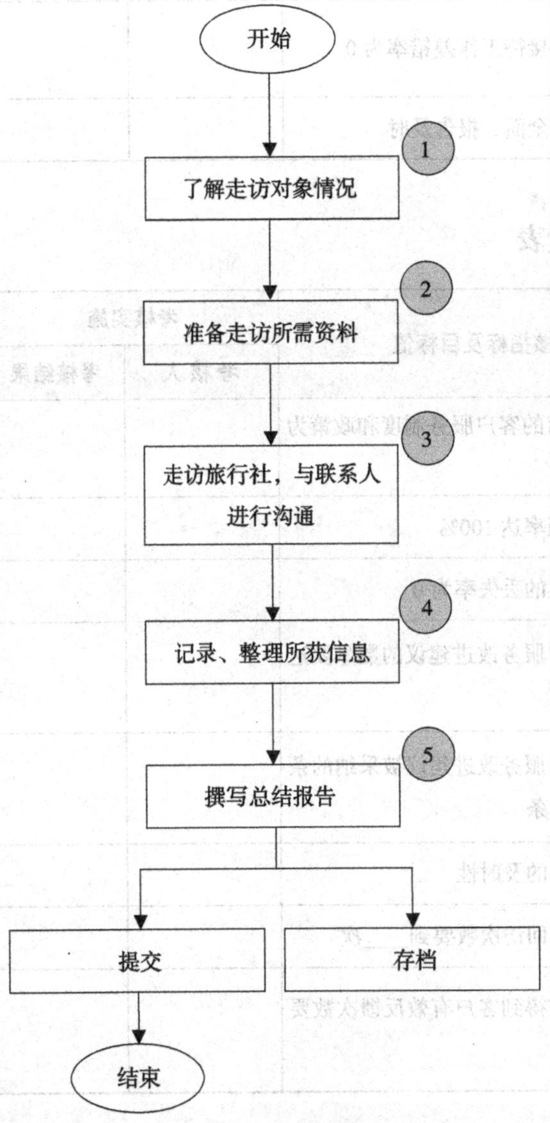

工作目标

1. 与旅行社建立或维护良好的合作关系
2. 掌握走访对象情况
3. 达成合作协议（或争取合作意向）

关键问题点

1. 掌握该旅行社的人事情况、资信情况及最近的运营动态
2. 准备好酒店的宣传资料、工作记录本、名片、礼品等，出发前仔细检查有无遗漏
3. 与联系人的沟通内容主要有以下三个方面
（1）介绍酒店的营业情况、最新销售政策
（2）询问旅行社近期客源情况
（3）争取或稳定旅行社合作的态度
4. 事后，对了解到的情况进行记录、整理
5. 撰写并提交工作总结报告，分析市场情况，并提出自己的建议

二、旅行社销售签约程序与关键问题

旅行社销售签约程序

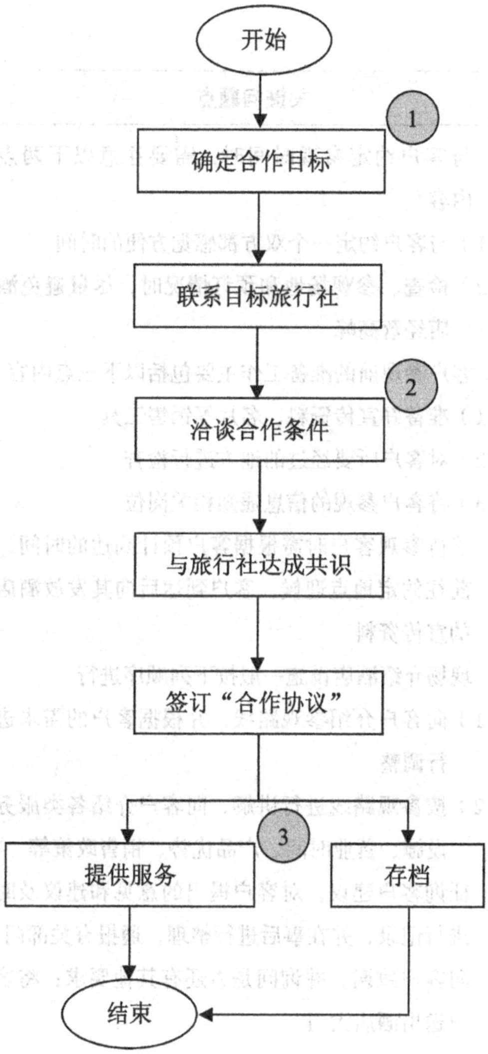

工作目标

1．与旅行社建立合作关系，保证酒店的团体客源
2．保证预订信息传递及时、准确
3．保证良好的服务质量，提升客户满意度

关键问题点

1．关注酒店周边地区旅行社情况，了解旅行社资信和经营情况，根据酒店的实际情况，寻找目标合作对象，并与其取得联系

2．在了解旅行社的团队预测情况的基础上，从以下几个方面进行洽谈，达成共识

（1）酒店为旅行社提供的客房的种类和优惠价格
（2）客房价格所含及不含的项目、服务和标准
（3）对免费房及全陪、地陪、领队的优惠水平
（4）用餐标准及方式、联系方法、订金制度及通知确认方法、结账方式及时间要求
（5）违约责任及赔偿等事项

3．后续的服务主要包括以下两方面内容

（1）接受来自旅行社的预订
（2）协调酒店各部门，保证为旅行社客源提供优质的服务

三、现场参观介绍工作程序与关键问题

现场参观介绍工作程序

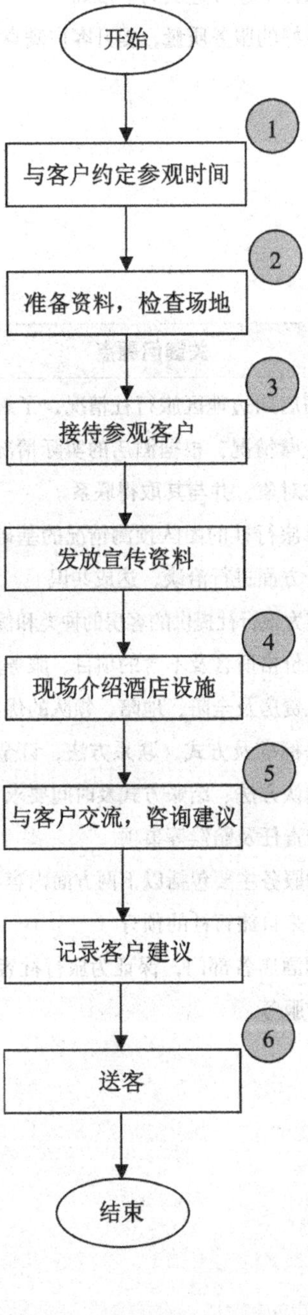

工作目标

1. 加深客户对酒店的了解
2. 争取合作意向，促成与客户的合作关系
3. 收集客户建议以完善酒店建设

关键问题点

1. 与客户约定参观时间时，需要注意以下两点内容
（1）与客户约定一个双方都感觉方便的时间
（2）检查、参观场地和预订情况时，尽量避免酒店经营高峰
2. 客户参观前的准备工作主要包括以下三点内容
（1）准备好宣传资料、名片等销售工具
（2）对客户所要经过的地方进行检查
（3）将客户参观的信息通知相关岗位
3. 接待参观客户时需根据客户预计到达的时间，前往约定地点迎候，客户到达后向其发放酒店的宣传资料
4. 现场介绍酒店设施一般按下列顺序进行
（1）向客户介绍参观路线，并根据客户的需求进行调整
（2）按参观路线进行讲解，向客户介绍各类服务设施、营业时间、产品优势、销售政策等
5. 征询客户建议，对客户提出的意见和建议及时进行记录，并在事后进行整理，通报有关部门
6. 向客户致谢，并询问是否还有其他要求；将客户送出酒店大门

第四节 旅行社销售组服务标准与服务规范

一、销售计划制订标准

旅行社销售组服务标准与服务规范文件		文件编号		版本	
标题	销售计划制订标准	发放日期			

酒店的旅行社销售主管，在制订工作计划时，应该遵循以下程序和方法。

1．收集信息

制订销售计划前应收集信息，主要内容包括以下几个方面。

（1）了解酒店经营方针、目标。

（2）了解酒店内部经营的优势、劣势。

（3）了解客源市场的现状与变化趋势。

（4）了解竞争对手的现状与变化趋势。

2．分析销售形势

进行市场机会与市场威胁分析，主要内容包括以下几个方面。

（1）酒店服务项目、功能、质量与特色。

（2）酒店服务项目适应的细分市场及比例、竞争优势。

（3）酒店服务项目存在的不足，分析改进可能及程度。

（4）酒店长期存在的问题。

（5）酒店主要竞争对手的主要优势与劣势。

（6）本地旅游市场和酒店业未来一至三年的变化趋势预测。

3．制定销售目标

根据收集的信息与旅游市场形势拟订销售目标，报上级审定；销售目标应在初步估算和历年实际情况的基础上拟订，并做到细化到每个月、每个细分市场或每个渠道。具体的销售目标应包括以下几个方面。

（1）旅行社业务的销售总额。

（2）酒店平均客房出租率。

（3）酒店平均房价。

（4）各主要旅行社应实现的销售份额与增长率。

（5）与上一计划期相比，销售费用增加与营销额增加之比。

（6）与上一计划期相比，收益增长目标。

（续）

<table>
<tr><td colspan="6">4．制定销售方案
针对销售目标，在产品组合、价格策略、关系维护等方面提出具体的策略、举措和办法，必要时在方案中注明注意事项和要求具体来说有以下两点。
（1）为每项销售活动确定具体的执行者、执行时间表、费用预算等。
（2）销售方案要报上级审阅并充分讨论后确定。
5．确定销售控制方法
（1）确定销售方案的目标、考核标准和办法。
（2）确定收集销售活动实际进展情况信息的程序、规定和制度。
6．制作销售计划书
（1）销售计划书的内容主要包括销售计划概述、销售目标、市场形势分析、销售方案、行动方案、费用预算、控制办法等。
（2）计划应有控制地向有关人员公布，总体计划要保密存档。</td></tr>
<tr><td>签阅栏</td><td></td><td colspan="4">签收人请注意：在此签字时，表示您同意下述两点。
1．本人保证严格按此文件要求执行。
2．本人有责任在发现问题时，第一时间向本文件审批人提出修改意见。</td></tr>
<tr><td>相关说明</td><td colspan="5"></td></tr>
<tr><td>编制人员</td><td></td><td>审核人员</td><td></td><td>审批人员</td><td></td></tr>
<tr><td>编制日期</td><td></td><td>审核日期</td><td></td><td>审批日期</td><td></td></tr>
</table>

二、旅游团队服务标准

<table>
<tr><td colspan="2">旅行社销售组服务标准与服务规范文件</td><td>文件编号</td><td></td><td>版本</td><td></td></tr>
<tr><td>标题</td><td>旅游团队服务标准</td><td>发放日期</td><td colspan="3"></td></tr>
<tr><td colspan="6">营销部在开展旅游团队接待工作时，应按照下列服务标准向客户提供服务。
1．团队预订确认
（1）团队的确认、修改、取消必须第一时间与预订处联系。
（2）订单的收取要及时，回复必须在 24 小时以内，以书面形式进行确认，并按类归档。
（3）所有信息必须以书面的形式呈现，要求准确、及时。
2．部门协调
（1）客户预订确认后，旅行社销售主管必须及时（不得超过 6 小时）通知客房部、礼宾部、康乐部、餐饮部等相关部门。
（2）与各相关部门的沟通必须以书面、签字确认的形式进行，并要求准确、及时。
（3）协助财务部做好结算工作。</td></tr>
</table>

（续）

3．客户跟踪 （1）旅行社销售主管必须全程跟踪团队的预订、变更、入住、退房过程。 （2）及时反馈信息、解决问题，并填写“客户意见反馈表”。 4．与客户交流 （1）尽量用姓氏称呼客户（在整个访问过程中最少用姓氏、职衔称呼客户三次）。 （2）尊重客户的宗教信仰，并协调有关部门尽量提供方便。 （3）不得私自接受客户的任何宴请、礼品。		
签阅栏		签收人请注意：在此签字时，表示您同意下述两点。 1．本人保证严格按此文件要求执行。 2．本人有责任在发现问题时，第一时间向本文件审批人提出修改意见。

相关说明					
编制人员		审核人员		审批人员	
编制日期		审核日期		审批日期	

三、信函文件往来规范

旅行社销售组服务标准与服务规范文件		文件编号		版本	
标题	信函文件往来规范	发放日期			

销售人员在与客户沟通的过程中，经常会用到书信、电子邮件、传真等多种工具。在使用这些沟通工具时，应遵循下列规范。

1．收发

（1）书信或电子邮件

① 接到书信或电子邮件后，要了解其内容，针对具体的情况，向领导汇报（特别是报价）。

② 复信写好后，要认真检查，并交领导审阅。

③ 领导认可后，批阅或盖章，一份存档，另一份发出。

（2）电传文件

① 接到电传后，了解其内容，向领导汇报，请求处理的方法。

② 发电传时，注意检查电文是否准确，特别是报价，一定要审核，以免出现错漏。

③ 复电传后，需订房的，复印一份交客房部，存档备查。

2．整理

（1）处理

① 客户处理完的文件，一定要署名，以便查核。

② 参加洽谈后，要及时填写记录，形成备忘录。

（续）

（2）存档 ① 来往文件、书信、电传、计划要按日期次序存档。 ② 存档一些重要的文件要写出内容提要。					
签阅栏		签收人请注意：在此签字时，表示您同意下述两点。 1．本人保证严格按此文件要求执行。 2．本人有责任在发现问题时，第一时间向本文件审批人提出修改意见。			
相关说明					
编制人员		审核人员		审批人员	
编制日期		审核日期		审批日期	

四、销售访问工作规范

旅行社销售组服务标准与服务规范文件		文件编号		版本	
标题	销售访问工作规范	发放日期			
旅行社销售专员在销售工作中应遵循一定的工作规范，具体工作规范的内容如下。 1．销售访问前的工作规范 （1）查阅要计划访问的旅行社近期订房情况，比如订房日期、订房人数、订房天数、客源结构等信息。 （2）了解要计划访问的旅行社的最新人事变动以及部门设置情况。 （3）了解要计划访问的旅行社的资信情况。 （4）准备好酒店的广告宣传材料、报价表、旅行社销售协调员自己的名片和礼品等。 （5）旅行社销售协调人员要穿着职业装、发型整齐、鞋面干净，女士还应化淡妆。 2．销售访问中的工作规范 （1）旅行社销售专员在访问旅行社的相关负责人时，要面带微笑，主动、礼貌地问候对方，初次见面的还应双手递上名片。 （2）旅行社销售专员针对旅行社需求，宣传酒店优势，介绍酒店的硬件条件和设施、服务项目等。 （3）旅行社销售专员应实事求是地向旅行社负责人介绍酒店的经营近况，以赢得信任。 （4）旅行社销售专员要询问旅行社近期的客源情况。 （5）旅行社销售专员详细介绍酒店最新的销售政策，动员访问旅行社的负责人安排客户入住酒店。 （6）赠送礼品以增强销售效果，进一步融洽合作关系。 （7）征求旅行社负责人对酒店的意见和建议，并进行详细记录。 3．销售访问后的工作规范 （1）访问完毕后，旅行社销售专员要撰写“销售报告”，在报告中对此次销售活动进行总结和分析，并提交旅行社销售主管进行审核。					

（续）

<table>
<tr><td colspan="6">（2）旅行社销售专员应将旅行社负责人对酒店提出的意见和建议及时反馈给酒店相关领导。
（3）销售访问结束一周后，旅行社销售专员应对访问过的旅行社进行电话回访，以便巩固销售成果。</td></tr>
<tr><td>签阅栏</td><td></td><td colspan="4">签收人请注意：在此签字时，表示您同意下述两点。
1. 本人保证严格按此文件要求执行。
2. 本人有责任在发现问题时，第一时间向本文件审批人提出修改意见。</td></tr>
<tr><td>相关说明</td><td colspan="5"></td></tr>
<tr><td>编制人员</td><td></td><td>审核人员</td><td></td><td>审批人员</td><td></td></tr>
<tr><td>编制日期</td><td></td><td>审核日期</td><td></td><td>审批日期</td><td></td></tr>
</table>

第五节　旅行社销售组服务常用文书与表单

一、旅行社销售拜访记录

旅行社销售专员：

<table>
<tr><td>旅行社名称</td><td colspan="3"></td></tr>
<tr><td>拜访时间</td><td></td><td>上次拜访时间</td><td></td></tr>
<tr><td>联系电话</td><td></td><td>详细地址</td><td></td></tr>
<tr><td>联系人</td><td></td><td>职　　务</td><td></td></tr>
<tr><td>所带资料</td><td colspan="3">1.
2.
3.</td></tr>
<tr><td>访谈纪要</td><td colspan="3">1.
2.
3.</td></tr>
<tr><td>旅行社意向</td><td colspan="3">1.
2.
3.</td></tr>
<tr><td>旅行社客源状况</td><td colspan="3">1.
2.
3.</td></tr>
</table>

二、每日销售拜访报告表

旅行社销售专员：　　　　　　　　　　　　　　　　　　　　　　　　　日期：____年__月__日

序　号	旅行社名称	联系人	职　务	地　点	结　果	跟进日期
1						
2						
3						
…						

三、每月销售活动报告表

旅行社销售专员：　　　　　　　　　　　　　　　　　　　　　　　　　　　月份：____月

项目 时间	店外拜访	店内参观	店内午餐	电话推广
第一周				
第二周				
第三周				
第四周				
每月汇总				
主管复核意见	1. 2. 3.			

四、旅行社订房契约合同

订房协约合同书

____年__月__日，由__________________酒店（以下简称“甲方”）与__________________旅行社（以下简称“乙方”）经友好协商，达成如下协议。

一、推销

1．乙方同意利用其销售网络推销甲方，并向来到本市的所有客户和即将成为乙方客户的人士推荐甲方的服务设施。

2．乙方保证在任何可能的情况下，在本市接待旅客时，将选择甲方作为其客户的下榻处，特别是系列团队和旅游团队。

3．乙方同意把甲方编入其宣传项目及宣传册之中，并在合适之处采用甲方的彩色照片，这些宣传品、宣传册一经出版应立即送甲方样本。

（续）

二、价格

考虑到乙方可能提供的客源量，甲方同意按下列条件和价格（不含佣金）接待乙方的客源。

1. 团队预订：单人间或双人间（10人及10人以上）

（1）淡季（12月、1月、2月、3月）为＿＿＿＿＿元人民币。

（2）平季（4月、6月、7月、8月）为＿＿＿＿＿元人民币。

（3）旺季（5月、9月、10月、11月）为＿＿＿＿＿元人民币。

2. 散客预订：单人间或双人间（10人以下）

（1）淡季（12月、1月、2月、3月）为＿＿＿＿＿元人民币。

（2）平季（4月、6月、7月、8月）为＿＿＿＿＿元人民币。

（3）旺季（5月、9月、10月、11月）为＿＿＿＿＿元人民币。

（4）所有套间一律享受＿＿%的优惠；所有客用房加床为＿＿元人民币，陪同床为＿＿元人民币。

注：所有价格不含任何早餐及城市建设费。

三、餐费

1. 中式早餐为＿＿＿＿＿元人民币。

2. 美式早餐为＿＿＿＿＿元人民币。

3. 午餐套餐（西餐）为＿＿＿＿＿元人民币。

4. 晚餐套餐（西餐）为＿＿＿＿＿元人民币。

注：餐费不包含酒水。

四、价格保护

在任何情况下，乙方不得以比门市价更高的价格将甲方的客房出让给第三者，当甲方门市价随季节改变时，甲方应通知乙方。

五、预订

团队入住前，乙方应向甲方销售部办理团队预订手续；甲方应根据订房情况和接待能力于接到预订通知的3天内，决定是否接受此预订并以书面形式通知乙方；未经甲方接受并确认的预订，甲方概不负任何责任。

六、客房占用期限

按预订经确认的客房在入住日下午2：00之后方可入住，离店时间为正午12：00。

七、客房分配单

乙方同意在客户到前30天，向甲方提供将入住甲方的团队所有成员名单及住房分配方案，包括航班消息、用餐标准。如果乙方未能按上述要求提供这些消息（除非另有协议），甲方有权取消已预订的客房及设施并转售给其他客户。

八、免费房

甲方同意为每＿＿位付费客户提供半个双人间免费房，但每个团队的免费房不超过＿＿个双人间。

（续）

九、取消预订

乙方如果需要取消或减少预订房，应按下列条件书面通知甲方。具体内容见下表。

房间数要求与提前通知期限一览表

房间数量	提前通知天数要求
10 间以下	到客前 10 天
10 ～ 25 间	到客前 15 天
26 ～ 50 间	到客前 20 天
51 间以上	到客前 30 天

在最短期限之后，如果团队要求取消或减少____% 以上的预订房间数，甲方将收取每间取消房 1 天的房租作为未及时取消预订费用。

十、确认未到预订

如果整个团队在入住日未到，乙方同意支付甲方当日所损失的房费，同时支付整个实际居住期应付的房费。

十一、押金和付款

乙方同意在做系列团预订时付给甲方押金____元人民币。如果乙方没能履约，甲方可以从押金中抽取全部或部分作为甲方应得的押金。如果乙方完成合约，全部押金（不包括利息）将如数退还乙方或作为乙方应付甲方费用的一部分。

除了上述押金外，乙方承诺在团队离店后 30 天内支付团队下榻在甲方期间所产生的一切费用，否则甲方有权利向乙方收取其超出天数的相应租息，利率按银行公布的同期活期存款利率计算。

十二、保密

本合同中的全部内容为绝密性的，不管是出于何种原因或目的，乙方都不能透露给第三者。乙方对此表示理解并遵照执行。

十三、合同期

本合同条款期限为____年__月__日开始至____年__月__日截止。合同一式两份，由乙方签字后在____年__月__日之前交给甲方，由甲方监督执行。

十四、违约责任

双方在执行合同过程中有违约行为时，本着友好协商的办法处理。确实不能达成一致意见时，双方同意交由当地仲裁机构仲裁或交当地法院裁判。

甲方代表同意接受	乙方代表同意接受
授权签名：	授权签名：
姓名：	姓名：
职务：	职务：

五、旅行社销售计划审批表

<table>
<tr><td>文件编号</td><td></td><td>编制日期</td><td>____年__月__日</td></tr>
<tr><td colspan="4">旅行社销售专员销售计划实现日期：　　年　　月　　日</td></tr>
<tr><td colspan="4">旅行社销售专员销售计划内容摘要：</td></tr>
<tr><td colspan="4">旅行社销售主管意见：
旅行社销售主管签字：
____年__月__日</td></tr>
<tr><td colspan="4">旅行社销售专员销售计划制订人意见：
旅行社销售专员签字：
____年__月__日</td></tr>
<tr><td colspan="4">旅行社销售专员销售计划修改要点：</td></tr>
<tr><td colspan="4">复审意见：
旅行社销售主管签字：
____年__月__日</td></tr>
<tr><td colspan="4">附页明细：
后附销售人员计划初稿____页（略）
后附销售人员计划修改稿____页（略）</td></tr>
</table>

六、月度销售统计表

日　期	销售房间总数	出租房间总数	外宾人数	华侨人数	国内散客人数	平均房价	日营业收入	累计营业收入

七、销售协议审批表

文件编号		审批日期	____年__月__日
旅行社名称		协议制定人	
销售协议内容摘要：			
旅行社销售主管意见： 旅行社销售主管签字： ____年__月__日			

第六节 旅行社销售组服务质量提升方案

一、旅行社节假日销售方案

标题	旅行社节假日销售方案		文件编号		版本	
执行部门		监督部门		考证部门		

一、目的

为了妥善处理节假日期间旅行社游客数量大幅度增加的情况，防止对入住客户管理不善的情况发生，特制定本方案。

二、适用范围

本方案适用于旅行社销售人员在节假日的酒店销售活动。

三、预测节假日旅游市场客源情况

由于节假日旅游市场异常火暴，销售人员往往通过客源预测考虑接下来的销售步骤，预测应考虑以下几点。

1. 往年同期客源情况的分析。销售人员应该细分和研究往年同期节假日每天客房出租情况，从而将以往的数据与今年节假日预订情况进行比较。由于旅行社团队往往会提前预订，通常越接近节假日时，团队的房间数才会越确定，销售人员应每隔一段时间与旅行社核对团队的收客情况，防止旅行社为了控房而进行虚假或水分较大的预订。

2. 关注节假日期间的天气预报。由于节假日客源主要是游客，游客的消费属休闲性自费旅游，随意性较大，若天气情况较好，可以留出部分房间以出售给临时性的上门散客；若天气情况不妙，要多吸收一些团队，以作为客房的铺垫。

（续）

3. 了解本市同类酒店的预订情况。通过了解竞争对手和不同地段的酒店的预订情况，可以估计出自己酒店客房出租的前景。 4. 关注媒体报道。通常在节假日的前几天，各大媒体都会争相从相关行业、各个酒店处了解最新的情况，进行滚动式报道。 5. 通过其他渠道了解信息。销售人员可以从酒店主要客源来源地的酒店销售界同行、旅行社、客户那里了解情况。 四、进行价格调整准备 在完成客源预测后，销售人员要根据预测结果进行价格调整准备。 1. 根据预测情况，针对各种客源，制定不同的价格策略。 2. 新的价格要尽量提前制定，以便留出足够的时间与客户沟通。 3. 新价格制定后，销售人员要立即落实大量的工作，比如通过电话、传真、电子邮件通知客户，要从关心客户的角度出发，提醒客户尽量提前预订，以免临时预订而没有房间。 4. 根据调查与预测情况，合理做好客源的分配比例。如果预测天气状况不妙，可以增加团队的预订量；如果预测天气情况较好，可以减少团队预订量。 五、制定超额预订策略 超额预订策略是指通过接受适量的超额预订以防范大量预订了客房而“未出现者”这种风险的策略。一旦出现这种情况，而客户又未能提前通知酒店取消预订时，就会造成酒店空房，从而给酒店带来损失。因此，旅行社销售人员应制定超额预订策略。 旅行社销售人员可通过以往节假日的情况和取消预订的数据进行统计比较，在此基础上确定接受超额预订的比例，以免出现太多超额预订而酒店无客房接待客户的情况，从而在最大程度上降低由于空房或出现太多预订而给酒店造成损失。 六、锁定客源 游客的流动性较大，销售人员应想方设法将这些客户锁定。具体的锁定客源的措施有以下两点。 1. 通过提供优质的服务，给客户留下一个好印象。 2. 通过拜访客户、客房内放置节日问候信、赠送小礼物、放置贵宾卡信息表等来提高客户今后再入住的可能性。 七、做好相关方配合工作 1. 与同行酒店及时互通信息，相互核对酒店房态，做到互送客源。 2. 与各大网络订房中心随时联络，及时通告酒店房态。 3. 与每天预订的客户进行核对，确认客户是否到来、抵达人数、抵达时间等。 4. 与媒体定时联络。利用媒体，告知客户酒店房间空闲状况。

相关说明	

二、旅行社合作谈判方案

标　题	旅行社合作谈判方案		文件编号		版本	
执行部门		监督部门		考证部门		

一、目的

为了有效推进酒店与旅行社合作事宜，尽快达成合作共识，特制定本方案。

二、适用范围

本方案适用于所有旅行社销售人员与旅行社负责人进行的合作事宜谈判。

三、谈判准备

旅行社销售人员在进行谈判之前，要做好以下几个方面的准备。具体内容见下表。

旅行社销售人员合作谈判准备事项一览表

序　号	准备事项说明
1	旅行社的基本信息，比如旅行社的规模、性质、注册资金、公司战略与企业文化、经营业绩、旅行社竞争对手情况、此次谈判目标等信息
2	旅行社的主要管理者的性格特征、爱好、社会关系、谈判风格、宗教信仰等
3	明确谈判目标，包括谈判的最高目标、中间目标和最低目标
4	根据已经掌握的信息，制定谈判策略
5	选择恰当的谈判地点

四、谈判实施

1．谈判提问

（1）提问的适用情境

销售人员要注意谈判提问的适用情况，一般在三种情境下可以使用提问。具体内容见下表。

谈判提问适用情境一览表

序　号	谈判提问适用情境
1	对对方所阐述的意见给予反馈
2	通过提问促使对方按照自己设定的方向思考问题、回答问题
3	通过提问引起对方的注意，进而摸清对方的需要，掌握对方的心理，表达自己的思想

（2）选择恰当的提问方式

在进行合作谈判过程中，销售人员要注意使用恰当的提问方式。针对不同的目标，谈判可以采用不同的提问方式。具体内容见下表。

（续）

提问方式一览表

提问方式	提问方式说明	提问方式举例
引导性提问	在提问时同时给被问者以强烈的暗示答案供其选择，对方一般毫无选择地按提问所设计的答案作出回答	“这样的价格对双方都非常有利，您说是吗？”
坦诚性提问	进行一种推心置腹地友好性提问。提问者一般站在对方的立场上，设身处地地为对方考虑后提出问题。这种提问能创造出良好的气氛	“请您告诉我，您可以接受的价格底线是多少？”
选择性提问	也称封闭式提问，将自己的想法直接向对方说明，迫使对方在限定的范围内选择答案	“依照协议，您认为是采用现金支付还是支票支付？”
跳跃式提问	在提问时打破常规，采用一种跳跃式的思维提出问题，目的在于对付早有准备的、富有经验的对手，打乱其思路	无
证实式提问	针对对方的回答重新组织问题并进行二次验证式提问，目的是表明自己对对方的这一观点引起了足够的重视，并适时挖掘新信息	“您认为我们的服务质量不够，但在价格上，我们认为较之于其他同类酒店，我们已经足够优惠了。”
模糊式提问	利用这种提问主要用来套出对方的话或干扰对方的思维	“您的报价怎么回事？”

（3）提问应注意的事项

销售人员在进行提问时，应注意以下几个事项。具体内容见下表。

提问注意事项一览表

序　号	提问注意事项说明
1	要以诚恳的态度提问，不可盘问、威胁、讽刺、审问
2	不应对对方的动机、信誉、诚意等提出指责性的问题
3	不可重复连续提问，即不可责问对方
4	掌握恰当的语速，语速太快容易使对方认为销售人员缺乏耐心；语速太慢则表示无时间观念，谈判太沉闷
5	初次见面谈判，提问应先征得对方的同意，或借助一些礼貌用语打开局面
6	所提问题要清楚，围绕谈判内容提问，并要尽量根据前一个问题的答复构造下一个问题

（续）

序　号	提问注意事项说明
7	杜绝威胁性的提问、讽刺性的反问、盘问式的发问和审问式的发问
8	应根据拟订的草稿进行提问，本着先易后难的发问程序提问
9	当对方正在阐述问题时，不要打断对方，可把想到的问题写下来，等待合适的时机再进行提问
10	在谈判休会的时间里利用和对方人员的闲谈，探求有关情报，为再次发问做准备
11	提出问题后应闭口不言，等待对方的回答。这种沉默会给对方造成一种无形的压力，迫使对方通过回答来打破沉默。若对方的回答不够完整或顾左右而言他，销售人员应采用适当的语气继续追问

2．谈判拒绝

在谈判过程中，销售人员要学会如何说“不”，如果不善于拒绝，则有时难以维护酒店的利益。谈判决策的策略有以下几点。

（1）善于运用拒绝的借口

销售人员在拒绝对方时必须寻找恰当的借口，这些拒绝的借口主要包括以下几个方面。

① 为酒店的政策所禁止。

② 无法得到更详细的资料。

③ 以某种借口暂时拖延。

④ 解释自己的顾虑（如为防止外泄商业机密等）。

（2）选择恰当的拒绝方式

为了保持良好的交谈氛围，销售人员还应注意选择恰当的拒绝方式。具体内容见下表。

谈判拒绝方式一栏表

拒绝方式	拒绝方式说明
自我陈述拒绝	以陈述自己不同的想法和期望、阐明自己的感觉和理解等方式代替直接的拒绝和批评，让对方明确自己的意见和建议
无能为力拒绝	表示自己没有能力满足对方的要求
寻找借口拒绝	借助比较合理的借口拒绝对方的要求
肢体语言拒绝	用肢体语言表达否定的态度，比如轻轻摇头或皱眉等
盘诘反问拒绝	对于一些明显不合理的要求，可采用严肃认真的反问予以拒绝

（续）

<table>
<tr><td colspan="2">
3．谈判让步
销售人员在谈判中，还应注意使用以下几个让步策略。
（1）控制让步的速度
不要让步太快，因为双方等得越久（前提是这种等待要让对方明显觉得有希望），就越会珍惜获得的让步，不至于得寸进尺。
（2）掌握让步的限度
同等级的让步是没有必要的，比如对方提出让步 10%，则我方可让步 5%，此时若我方也让步 10%，则这种相互的让步毫无意义。
（3）明确让步的性质
不作无谓让步，每次让步应从对方获得某些利益或达成某种目的。
（4）清楚让步的次数
不要忘记自己的让步次数，一般来说，让步的次数以 3 次为佳。
（5）掌握让步的主动性
一般在较小的问题上可先主动让步，但在重要的问题上要尽量让对方先让步。
（6）把握让步的心理要求
接受对方的让步时，既不要作出相对的、交换式的让步，也不要感到不好意思或有罪恶感。
五、谈判结束
在谈判结束时，销售人员要采用一些策略，尽快促成合作谈判的达成。具体来说有以下两点。
1．优惠劝导策略
向对方提供某种特殊的优惠，尽快促成对方同意谈判条件，从而结束谈判。例如，“本酒店可以为贵旅行社提供……优惠”。
2．期限策略
向对方说明某一方面的优惠活动的截止日期，以便促成合作。例如，“截至本月 12 日，本酒店为贵旅行社提供的订房 8.5 折优惠活动就结束了，如果过了这个日期再签订合同的话，贵旅行社则不能享受订房 8.5 折的优惠了”。
</td></tr>
<tr><td>相关说明</td><td></td></tr>
</table>

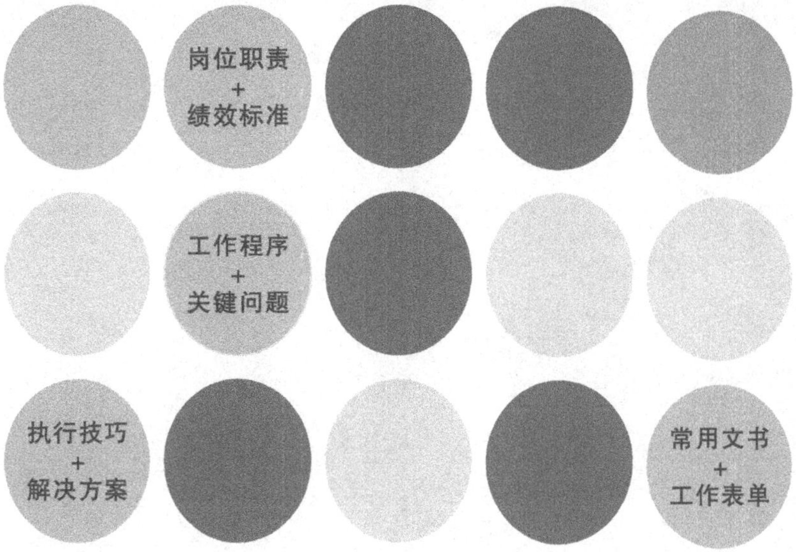

第四章

商务销售组精细化管理

第一节 商务销售组岗位描述

一、商务销售组岗位设置

商务销售组岗位设置	人员编制
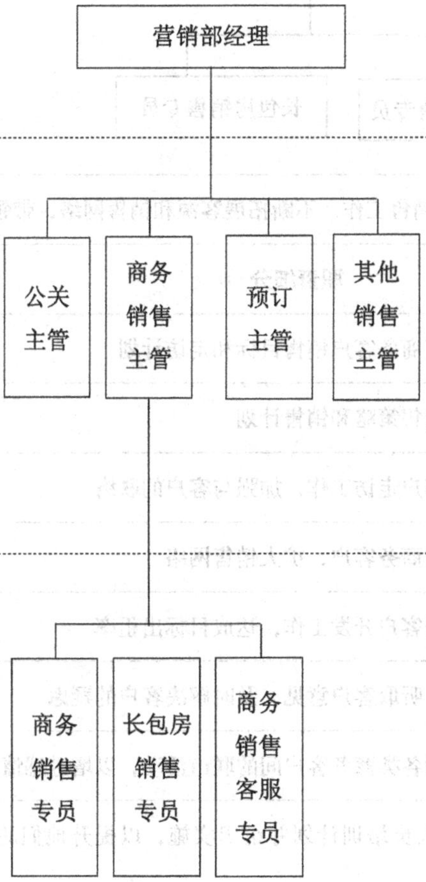	经理级____人 主管级____人 专员级____人
相关说明	

二、商务销售组主管岗位职责

<table>
<tr><td>岗位名称</td><td>商务销售主管</td><td>所属部门</td><td>营销部</td><td>编　　号</td><td></td></tr>
<tr><td>直属上级</td><td>营销部经理</td><td>直属下级</td><td>商务销售专员
长包房销售专员</td><td>晋升方向</td><td></td></tr>
<tr><td>所处管理位置</td><td colspan="5">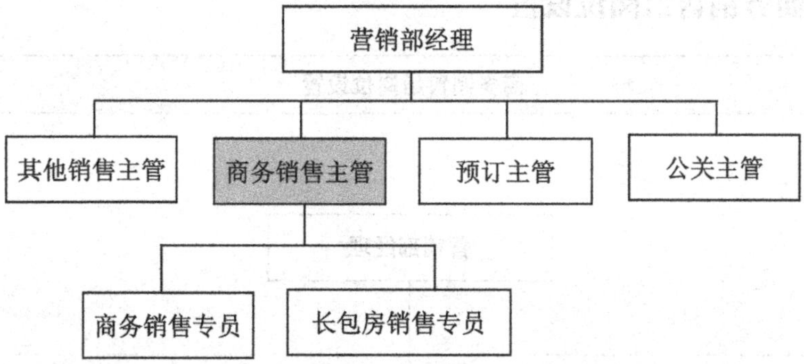
</td></tr>
<tr><td>职责概述</td><td colspan="5">组织开展酒店的商务销售工作，不断拓展客源和销售网络，带领团队完成销售指标</td></tr>
<tr><td>职　　责</td><td colspan="4">职责细分</td><td>职责类别</td></tr>
<tr><td rowspan="2">1. 制订工作计划</td><td colspan="4">（1）制订年度、月度商务客户销售目标和走访计划</td><td>周期性</td></tr>
<tr><td colspan="4">（2）制订长包房的销售策略和销售计划</td><td>周期性</td></tr>
<tr><td rowspan="3">2. 组织开展销售工作</td><td colspan="4">（1）组织下属开展客户走访工作，加强与客户的联络</td><td>周期性</td></tr>
<tr><td colspan="4">（2）不断拓展酒店的商务客户，扩大销售网络</td><td>日常性</td></tr>
<tr><td colspan="4">（3）组织酒店长包房客户开发工作，达成目标出租率</td><td>日常性</td></tr>
<tr><td rowspan="2">3. 客户管理</td><td colspan="4">（1）收集客户反馈，听取客户意见，及时解决客户的疑虑</td><td>日常性</td></tr>
<tr><td colspan="4">（2）主持或参与策划各类商务客户间的联谊活动，以增进感情</td><td>特殊工作</td></tr>
<tr><td rowspan="2">4. 销售人员管理</td><td colspan="4">（1）制订下属销售人员培训计划并组织实施，以提升他们的销售技能</td><td>周期性</td></tr>
<tr><td colspan="4">（2）参与下属销售人员的培训考核、绩效考核工作</td><td>周期性</td></tr>
</table>

三、商务销售专员岗位职责

<table>
<tr><td>岗位名称</td><td>商务销售专员</td><td>所属部门</td><td>营销部</td><td>编　　号</td><td></td></tr>
<tr><td>直属上级</td><td>商务销售主管</td><td>直属下级</td><td></td><td>晋升方向</td><td></td></tr>
<tr><td>所处管理位置</td><td colspan="5">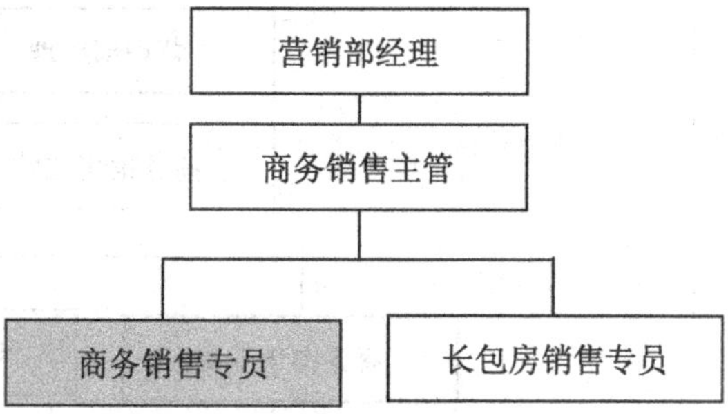
</td></tr>
<tr><td>职责概述</td><td colspan="5">执行酒店具体的商务销售工作，按时完成个人销售指标</td></tr>
<tr><td>职　　责</td><td colspan="4">职责细分</td><td>职责类别</td></tr>
<tr><td rowspan="2">1. 收集市场信息</td><td colspan="4">（1）收集酒店附近区域各类单位、组织的信息资料和联系办法，发掘潜在客户</td><td>日常性</td></tr>
<tr><td colspan="4">（2）关注行业趋势和市场波动，开展竞争对手价格策略、销售动态情况的收集工作</td><td>日常性</td></tr>
<tr><td rowspan="3">2. 开展销售工作</td><td colspan="4">（1）维护酒店与各政府机关、中外公司等客户之间的关系，定期拜访，发掘客源</td><td>日常性</td></tr>
<tr><td colspan="4">（2）运用灵活多变的销售方式，宣传酒店的各类活动、政策，吸引酒店的新、老客户</td><td>日常性</td></tr>
<tr><td colspan="4">（3）在授权范围内，与商务客户洽谈、签约，完成销售工作</td><td>日常性</td></tr>
<tr><td rowspan="3">3. 客户管理</td><td colspan="4">（1）在商务客户来店消费的过程中，及时协调其他部门，保证服务质量</td><td>日常性</td></tr>
<tr><td colspan="4">（2）协助财务部门做好商务客户的资信调查、结账工作</td><td>日常性</td></tr>
<tr><td colspan="4">（3）收集各类客户的反馈信息，及时整理归档</td><td>日常性</td></tr>
</table>

四、长包房销售专员岗位职责

岗位名称	长包房销售专员	所属部门	营销部	编　号	
直属上级	商务销售主管	直属下级		晋升方向	
所处管理位置	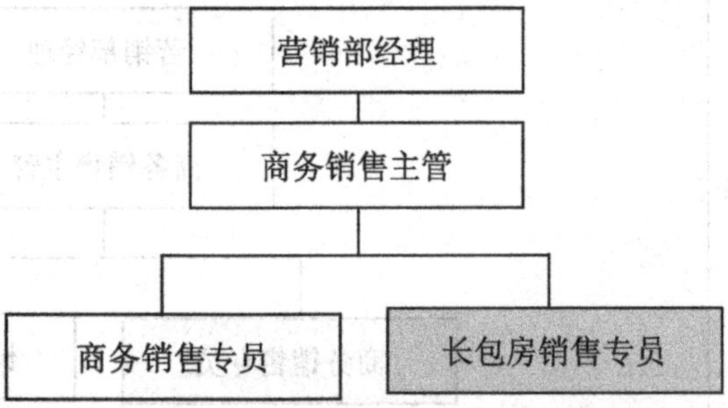				
职责概述	负责具体实施酒店长包房业务销售工作，拓展客源、维护客户关系、完成销售指标				

职　责	职责细分	职责类别
1. 参与制订长包房销售计划	参与酒店长包房销售计划、价格政策的制订工作，提供数据资料和合理化建议	周期性
2. 开展长包房市场调查	（1）开展市场调查工作，分析潜在客户并收集客户资料	日常性
	（2）与大公司等建立联系，挖掘潜在客户	日常性
3. 推进长包房销售工作	（1）按计划定期拜访目标客户，把握客户的动态，与其建立并维护良好关系	日常性
	（2）根据客户的需求，运用灵活的销售方式，向客户介绍酒店的长包房服务项目及配套的服务政策	日常性
	（3）经授权代表酒店与客户签订长包房协议，并及时与其他部门沟通，保证协议的顺利实施	特殊工作
4. 客户管理	（1）处理客户意见和客户投诉，超过权限范围的问题或投诉事件应及时上报	特殊工作
	（2）整理并及时归档客户信息，为客户关系维护、信用管理提供资料	周期性

第二节 商务销售组岗位考核量表

一、商务销售主管绩效考核量表

序号	考核内容	考核指标及目标值	考核实施	
			考核人	考核结果
1	组织下属销售人员开展销售工作，按期完成销售任务	商务销售总销售额达到____万元		
		长包房销售额达到____万元		
		商务销售利润率至少达到____%		
2	维护客户关系	客户首荐率达到____%		
3	监督和指导下属销售人员的日常工作	销售人员工作考核合格率达到____%以上		

二、商务销售专员绩效考核量表

序号	考核内容	考核指标及目标值	考核实施	
			考核人	考核结果
1	收集市场信息	市场信息收集全面、准确		
2	开展客户拜访、推销工作	日平均拜访客户____家		
		新增签约客户____家		
		销售额达到____万元		
3	整理客户信息	客户信息归档及时率达到100%		

三、长包房销售专员绩效考核量表

序号	考核内容	考核指标及目标值	考核实施	
			考核人	考核结果
1	收集市场信息和客户资料	市场信息和客户资料收集全面、准确		
2	开展长包房销售工作	日平均拜访客户____家		
		销售额达到____万元		
		酒店长包房季出租率至少达到____%		
3	整理归档客户资料	客户资料归档及时率达到100%		

第三节 商务销售组工作程序与关键问题

一、商务客户销售程序与关键问题

商务客户销售程序

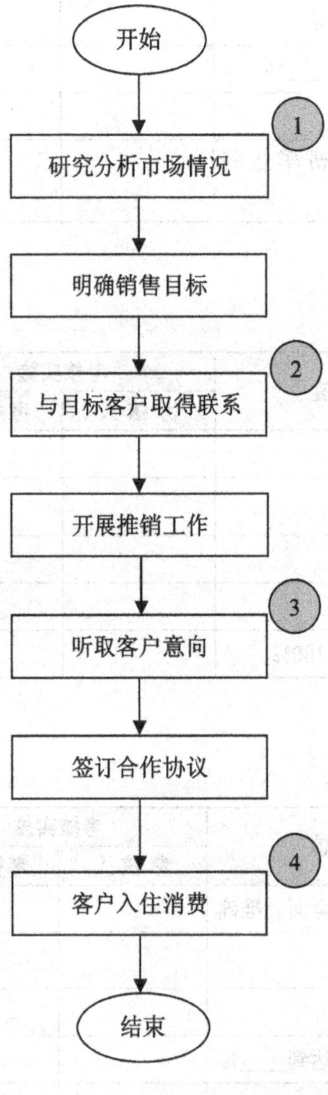

工作目标

1. 拓展商务客源，扩大销售网络
2. 完成酒店商务客户销售任务

关键问题点

1. 销售人员按时提交市场分析报告，通报客户信息，根据酒店实际情况确定本阶段酒店商务项目的主要销售对象
2. 销售人员电话或上门拜访经过汇集、筛选的有消费需求的商务客户，与其建立日常联系，适时介绍酒店服务，逐步形成稳定的目标市场
3. 向客户介绍酒店特色、环境设施及优惠政策，听取客户意向，根据洽谈结果签订合作协议
4. 销售人员负责协调配合前厅部接待商务客户的入住；遇重要的商务客户入住酒店时，应及时报告营销部经理，与前厅部、客房部等部门一起制定具体的接待方案

二、客户订单跟进程序与关键问题

客户订单跟进程序

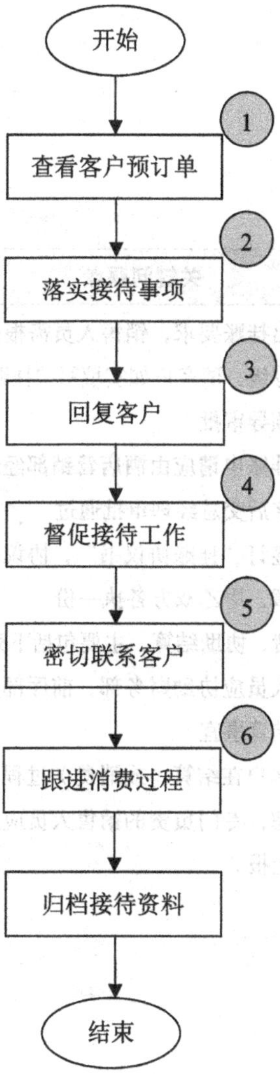

工作目标

1. 确保订单内容准确
2. 确保预订服务内容的落实
3. 保证客户接待的服务质量
4. 提高客户满意度

关键问题点

1. 查看客户的预订单，详细了解客房、用餐、服务的预订信息及特殊要求
2. 就各预订事项与酒店接待部门协调、确认，保证接待工作顺利落实
3. 对客户预订进行答复，确认预订的服务事项
4. 按要求及时检查酒店各部门接待工作准备的质量和进度
5. 与客户保持密切联系，将客户要求更改或补充情况及时反馈给接待部门
6. 将客户在住店消费过程中提出的意见或建议及时反馈给有关部门

三、客户挂账操作程序与关键问题

<table>
<tr><th>客户挂账操作程序</th><th>工作目标</th></tr>
<tr><td rowspan="3">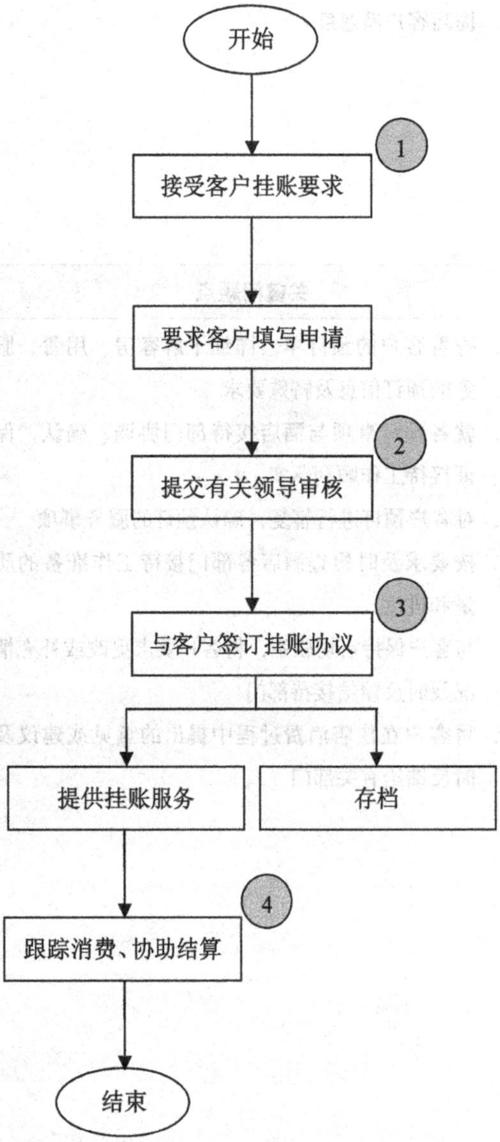
</td><td>1．为客户入住消费提供便利
2．保证酒店利益，准确结算挂账消费
3．保证酒店内部各部门间协作顺利</td></tr>
<tr><th>关键问题点</th></tr>
<tr><td>1．客户提出挂账要求，销售人员需根据客户的不同信用等级，请客户如实填写“挂账申请表”，报各级领导审批
2．客户的挂账申请应由酒店营销部经理、财务部经理签字后交总经理审批通过
3．与客户签订“挂账协议书”，协议一式两份，加盖公章，甲乙双方各执一份
4．跟踪消费、协助结算，主要包括下列两项事宜
（1）销售人员应协助财务部、前厅部办理客户消费的结算事宜
（2）对于客户在结算（或消费）过程中出现的意和疑虑，专门负责的销售人员应立即解决或及时上报</td></tr>
</table>

四、长包房销售操作程序与关键问题

<table>
<tr><th>长包房销售操作程序</th><th>工作目标</th></tr>
<tr><td rowspan="3">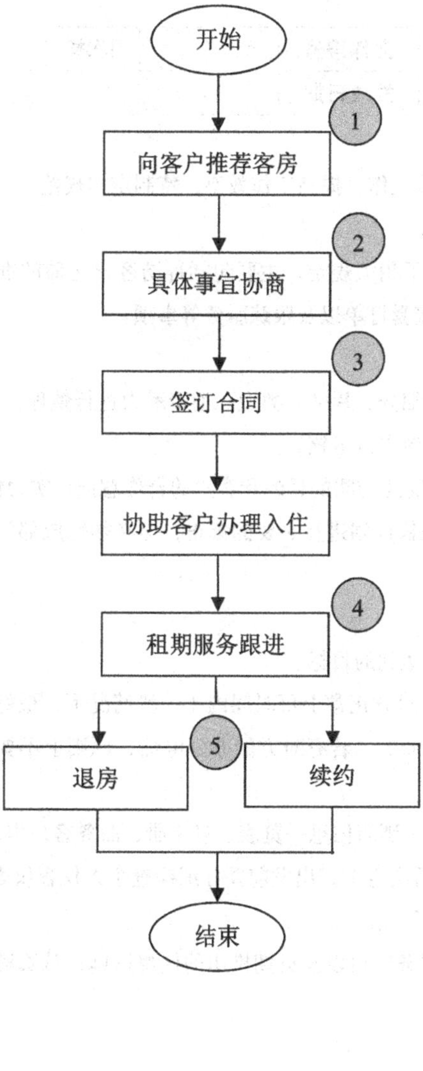
</td><td>1. 完成酒店长包房销售计划
2. 保证酒店长包房销售工作的顺利开展
3. 保证长包房客户入住的服务质量</td></tr>
<tr><th>关键问题点</th></tr>
<tr><td>1. 了解客户的需要，邀请对方前来酒店参观客房及其他设施；向客户推荐客房并根据对方需要进行报价，报价时注意技巧
2. 向客户出示合约样本，就可以提供的各类优惠、结算方式进行协商
3. 与客户面谈达成共识后签订合约，合约一式两份，客户、酒店各保留一份
4. 客户入住后，销售人员至少每月拜访一次，听取意见，表示关心，切实帮助客户解决困难
5. 对合约即将到期的客户，销售人员提前一个月发出书面通知，了解客户意向，如果客户无意续租，则销售人员应在协议终止前一周书面通知财务部、前厅部、客房部做好结账、收房的准备工作</td></tr>
</table>

第四节 商务销售组服务标准与服务规范

一、商务销售工作规范

商务销售组服务标准与服务规范文件		文件编号		版本	
标题	商务销售工作规范	发放日期			

1．目的

为帮助销售人员做好酒店的商务销售、长包房销售等工作，提高工作效率，特制定本规范。

2．主要内容

本规范针对销售人员开展销售工作的整个过程给出了相关规定，主要包括拜访客户之前的准备、制订拜访计划、与客户建立合作、与客户关系的维护、接受订单以及跟踪服务等事项。

3．准备客户拜访

（1）通过各种渠道了解潜在客户的信息，并按市场细分、片区、类型、消费潜力进行整理。

（2）每周五做好下一周销售计划表，并交给部门领导进行审核。

（3）每日预约次日拟将拜访的客户，并向部门领导简述访问的目的和客户的合作意向、实力情况。

（4）在工作过程中根据实际情况的变化对自己的销售计划进行必要的修正，但必须完成部门制定的量化指标任务。

4．制订拜访计划

（1）制订客户拜访计划和方案，明确拜访目的和应达到的目标。

（2）一般要先打电话联系，致电的时间要求安排在对方正常上班时间内（一般情况下，最好选择在周一至周五的上午9：00—11：00和下午2：00—5：00）。若有对方的办公电话，原则上不要打对方的手机。

（3）预约登门拜访时，应提前准备好酒店有关资料（酒店信息一览表、宣传册、商务客户申请表、挂账申请表等）、名片、礼品（征求营销部经理的意见后决定），出发前要仔细检查个人仪容仪表。

（4）拜访客户必须准时到达，提前时间太多可稍事等候。

（5）自我介绍后互递名片，相互交流并介绍酒店服务项目以及近期推出的优惠措施；认真聆听客户提出的意见和建议，争取客户与酒店合作。

（6）对客户的支持表示感谢。

（7）回来后填写客户访问记录表，向领导进行简要汇报，跟进协议签订事宜及后续工作，定期做好回访。

（续）

<table>
<tr><td colspan="6">5. 建立合作关系
（1）如果客户有明确意向合作，则可以请客户方的相关部门（一般为行政部、接待处）的负责人填写合作申请并盖章后传真回酒店。
（2）征求客户的意见，确定签订商务合作协议的方式。
① 登门签订合作协议：需事先按双方的意向打印出规范的商务合作协议，并请领导签字、盖章；及时与客户联系并将协议送达客户；客户签字、盖章后，带回一份原件交酒店存档；在电脑中建立档案，将原件放入当月的合作协议文件夹中，留待档案管理员于月底进行统一登记、复印、处理。
② 传真附件签订协议：如果客户在外地，则在请示领导同意的情况下，先以传真的方式建立合作关系，然后用邮寄的方式将签字、盖章的协议原件送达对方，并请对方寄回一份存档。
6. 客户关系维护
（1）经常与新、老客户以拜访电话、传真、邮件等形式保持密切往来。
（2）逢年过节和客户的某些纪念日，需以手机短信、电话的方式表示祝福。
（3）及时关注各家协约单位的情况，以分析对将来双方合作可能会产生的影响。
7. 接受订单
（1）根据对方来电、来信或电子邮件，准确填写“预订单”，并附加注意事项和个性化需求（重要客户需向部门领导汇报）。
（2）及时下发给前台和相关部门，然后按到店日期存档。
（3）以客户认为最为便捷的方式，比如传真、电话或电子邮件进行确认。
（4）确认函一定要规范标准，体现档次，内容正确，表达清晰。
① 传真函一定要打在酒店客用信笺上。
② 电子邮件一般要经部门经理审核后方可发出。
③ 电话确认要简洁、礼貌、表达清晰、声音悦耳、回避人为噪声。
（5）更改、取消预订。当日填写“更改、取消预订单”，并发送相关部门（原单发送过的部门均需进行变更或取消通知）将所有材料合订一起存档。
8. 跟踪服务、征求意见
（1）客户离店后，及时与预订经办人联系，感谢对方安排客户入住酒店。
（2）询问客户对酒店的反映，征求客户意见，进行详细记录，在营销会议上报告客户的反映。</td></tr>
<tr><td>签阅栏</td><td></td><td colspan="4">签收人请注意：在此签字时，表示您同意下述两点。
1. 本人保证严格按此文件要求执行。
2. 本人有责任在发现问题时，第一时间向本文件审批人提出修改意见。</td></tr>
<tr><td>相关说明</td><td colspan="5"></td></tr>
<tr><td>编制人员</td><td></td><td>审核人员</td><td></td><td>审批人员</td><td></td></tr>
<tr><td>编制日期</td><td></td><td>审核日期</td><td></td><td>审批日期</td><td></td></tr>
</table>

二、客户拜访工作规范

商务销售组服务标准与服务规范文件		文件编号		版本	
标题	客户拜访工作规范	发放日期			

1．目的

为规范销售人员的客户拜访行为，树立良好的第一印象，特制定本规范。

2．拜访客户前

（1）有计划地以电话、信函沟通客源单位，比如商社、企业、社团、机关、院校等。

（2）制订明确、具体的拜访计划，包括拜访对象、访问时间、出行路线、交通工具等。

（3）与客户进行必要的电话预约，以保证拜访工作能够顺利开展。

（4）充分做好拜访前的准备工作，了解客户的基本情况，准备拜访必备的资料等。

（5）每次出门前检查自己的仪表是否整洁、是否符合职业要求。

3．拜访客户过程中

（1）到达客户办公室后轻轻敲门，经客户同意后方可进入办公室。

（2）自我介绍，双手递上名片，语言礼貌、规范；双手接过客户名片，并按名片称呼客户的姓名和职务。

（3）简单明了地说明来意，并说明不会占用客户过多的时间，以避免一开始就被拒绝。

（4）递上酒店的宣传材料，比如宣传册、价目表、协议书、名片以及小礼品。

（5）介绍酒店的设施和服务，表示欢迎客户光顾酒店，并给予特殊的优惠照顾。

（6）可按问卷或有针对性地询问客户客源情况和需求情况。

（7）针对客源情况和需求情况提供优惠条件和价格，并征询客户是否愿意签订合作协议。

（8）如果客户当场表示同意，则将准备好的协议书递给客户，供客户审阅。

（9）如果无异议，则双方签字盖章，确认无误。

（10）如果带有礼品，则赠送客户一份，表示感谢。

（11）与客户告别，表示期待客户光临酒店。

（12）将拜访情况汇总后，做好工作记录。

4．结束拜访后

（1）及时、准确地巩固访问中获得的成果，如果有预订或协议，则应尽快将预订或协议书通知预订处、财务部、餐饮部等。

（续）

<table>
<tr><td colspan="6">（2）建立客源单位的档案，写明单位名称、性质、通信地址、电话号码、传真号码、提供客源数量、财务信誉、消费状况、取消更改情况、主管人员姓名、爱好、生日等信息。
（3）整理归档，对需要跟踪的客户要做详细记录，并制订新的拜访计划，便于查阅。</td></tr>
<tr><td>签阅栏</td><td></td><td colspan="4">签收人请注意：在此签字时，表示您同意下述两点。
1. 本人保证严格按此文件要求执行。
2. 本人有责任在发现问题时，第一时间向本文件审批人提出修改意见。</td></tr>
<tr><td>相关说明</td><td colspan="5"></td></tr>
<tr><td>编制人员</td><td></td><td>审核人员</td><td></td><td>审批人员</td><td></td></tr>
<tr><td>编制日期</td><td></td><td>审核日期</td><td></td><td>审批日期</td><td></td></tr>
</table>

三、订单跟进操作标准

<table>
<tr><th colspan="2">商务销售组服务标准与服务规范文件</th><th>文件编号</th><th></th><th>版本</th><th></th></tr>
<tr><th>标题</th><th>订单跟进操作标准</th><th>发放日期</th><th colspan="3"></th></tr>
<tr><td colspan="6">1. 目的
为防止已下预订订单客户的流失，进一步跟进预订订单，落实订单内规定的接待事项，特制定本标准。
2. 查看订单
查看订单要仔细，不能漏掉任何细节，特别是客户的需求部分。
3. 接待落实
（1）填写“内部预订通知单”。
（2）通知接待部门落实预订事项。
4. 回复客户
（1）在各项预订接待得到落实后，及时回复客户。
（2）既可通过电话或填写“订房通知单”传真回复客户，也可在客户传真件上签署确认回复客户。
5. 变更
（1）客户若有更改、取消应及时通知有关部门。
（2）填写“内部预订通知单”确认。
6. 客户投诉
（1）客户在消费过程中若有较大投诉，应及时通知有关部门并报告营销部经理。
（2）若解决不了，应尽快向总经理办公室请示处理。
7. 资料归档
归档的资料应简单明了。</td></tr>
</table>

（续）

<table>
<tr><td colspan="6">8. 不可抗力因素造成不能按客户要求完成服务
（1）立即通知客户，做好解释工作，尽量与客户达成谅解。
（2）若客户要求赔偿，应尽快汇报给营销部经理。
（3）若事件重大，应由营销部经理请示总经理办公室处理。</td></tr>
<tr><td>签阅栏</td><td></td><td colspan="4">签收人请注意：在此签字时，表示您同意下述两点。
1. 本人保证严格按此文件要求执行。
2. 本人有责任在发现问题时，第一时间向本文件审批人提出修改意见。</td></tr>
<tr><td>相关说明</td><td colspan="5"></td></tr>
<tr><td>编制人员</td><td></td><td>审核人员</td><td></td><td>审批人员</td><td></td></tr>
<tr><td>编制日期</td><td></td><td>审核日期</td><td></td><td>审批日期</td><td></td></tr>
</table>

四、商务客户管理标准

<table>
<tr><th colspan="2">商务销售组服务标准与服务规范文件</th><th>文件编号</th><th></th><th>版本</th><th></th></tr>
<tr><th>标题</th><th>商务客户管理标准</th><th>发放日期</th><th colspan="3"></th></tr>
<tr><td colspan="6">1. 为了更好地对酒店的商务客户进行管理，为其提供更高级别的服务，特制定本标准。
2. 整理商务客户资料时，注意将其按不同的标准进行分类，比如可按区域或消费额分类。
（1）按区域分类：本地客户一类、外地客户一类。
（2）按消费额分类：大客户一类、一般客户一类。
3. 对本地区客户最好采取上门拜访的形式，以示尊重。
（1）间隔次数一般不超过 2 个月。
（2）每逢节日最好带礼品，礼品的选择要有意义，要有助于宣传酒店。
4. 对外地客户采用电话、信函方式。
（1）一般 1 个月联络一次。
（2）若恰逢酒店有促销计划，可增加联络次数，及时将信息传递给客户。
5. 在拜访客户的过程中，应将客户反映的投诉意见及时反馈给有关部门，并将改进情况及时通知客户。
6. 回访客户时，要重点介绍酒店的变化政策，尽量邀请客户再次光临酒店。
7. 若因酒店档次等客观原因不能满足客户的要求，客户已转到其他酒店消费时，销售人员仍需继续与其保持联络，促进沟通，其目的有二。
（1）发掘酒店服务、环境、位置等优势吸引客户，不放过任何一个让客户回头的机会。
（2）维系感情，争取老客户的推荐，为酒店带来新的客源。</td></tr>
</table>

（续）

签阅栏		签收人请注意：在此签字时，表示您同意下述两点。 1．本人保证严格按此文件要求执行。 2．本人有责任在发现问题时，第一时间向本文件审批人提出修改意见。			
相关说明					
编制人员		审核人员		审批人员	
编制日期		审核日期		审批日期	

五、长包房服务跟进规范

商务销售组服务标准与服务规范文件		文件编号		版本	
标题	长包房服务跟进规范	发放日期			

1．目的

为规范长包房销售人员在长包房客户入住前、入住期间以及结束长包房合同期间的销售及服务行为，提高客户对酒店各项服务的满意度，特制定本规范。

2．长包房入住前

（1）入住前，按合同要求，逐一落实各项准备工作，入住时有专人负责欢迎接待。

（2）接受预付款，与财务部保持联系，了解长包房客户是否已将预付款汇入酒店账号。

① 若未预付，要及时与客户联系。

② 若客户用支票付定金，应将客户带至财务部办理定金预付手续。

（3）入住前一周，向负责接待的部门发送“长包房入住通知单”。

① 发至客房部，撤出不需要的家具、酒吧用品等，并按客户要求布置客房。

② 发至工程部，按客户的要求对客房进行必要的装修或改造等。

③ 发至餐饮部，为长包房客户提供工作餐。

④ 发至保安部，做好长包房客户及其车辆等的安全工作。

⑤ 发至前厅部，以便掌握客情，与客户保持沟通，做好服务工作。

（4）在客户预付定金后，通知前厅部为客户办理入住登记手续。

3．长包房租期中

（1）经常拜访长包房客户（每月至少一次），与客户进行沟通。

① 听取长包房客户对酒店的意见，将意见及时传递到有关部门。

② 了解长包房客户的新需求和客情（比如最近是否有大型会议、宴会和散客等），若有客情，应及时处理。

（续）

<table>
<tr><td colspan="6">（2）与前厅部、餐饮部、客房部、财务部、康乐部、保安部保持联系，了解客户在酒店的消费情况和信用情况。
（3）每逢节假日登门拜访，向长包房客户赠送礼品或邀请他们参加酒店举办的宴会、联欢会等活动，加强沟通，增进友谊。
（4）与财务部信用收款组保持联系，了解客户的付款情况，并协助财务部做好客户付款结账工作。
（5）长包房合同终止前1个月，应主动与客户联系，了解客户的去留动态。
①若要续签，销售人员应主动报价，并协商续约的相关事宜。
②若不续签，销售人员应提前做好长包房客户搬出事宜和搬出后的销售工作。
4. 长包房合同终止
（1）客户提前终止合同，销售人员得到消息后，应及时通知财务部等有关部门。财务部应按合同规定收取违约金。
（2）客户到期终止合同，销售人员应提前一周与客户确定退房时间，通知财务部结账处准备好账单。
（3）退房时，书面通知客户，要求提前一天开具需搬运的大件物品清单，并通知保安部为客户开具出门证，做好客户物品的安全检查工作。
（4）长包房客户退房当天通知客房部检查客房物品有无损坏。
（5）协助财务部与客户结清账单，返还订金。
（6）房间若有损坏，应书面通知工程部对客房进行维修，并按规定视情况要求客户给予赔偿。
（7）客户全部搬出后，书面通知客房部将房间恢复客房状态。</td></tr>
<tr><td>签阅栏</td><td></td><td colspan="4">签收人请注意：在此签字时，表示您同意下述两点。
1. 本人保证严格按此文件要求执行。
2. 本人有责任在发现问题时，第一时间向本文件审批人提出修改意见。</td></tr>
<tr><td>相关说明</td><td colspan="5"></td></tr>
<tr><td>编制人员</td><td></td><td>审核人员</td><td></td><td>审批人员</td><td></td></tr>
<tr><td>编制日期</td><td></td><td>审核日期</td><td></td><td>审批日期</td><td></td></tr>
</table>

第五节　商务销售组服务常用文书与表单

一、客户信息档案表

客户基本资料	名　　称					
	地　　址					
	电　　话		传　　真		邮　　编	
	成立日		注册资金		主要股东	
	开户行		账　　号		付款信誉	
	负责人 1		教育程度		出生日期	
	负责人 2		教育程度		出生日期	
	联络人 1		教育程度		出生日期	
	联络人 2		教育程度		出生日期	
客户资料	经营方式	□积极　□踏实　□保守　□不定　□投机				
	业务范围					
	发展情况	□兴隆　□成长　□稳定　□不定　□衰退				
	销货对象		去年营业额		今年营业额	
	经营性质	□上市公司　□私人有限公司　□中外合资　□外商独资　□国营				
	员工人数	员工总数____人，中方____人，外方____人，共____人				
	同业地位	□领导者　□具影响力　□中等　□小型厂商　□其他				
	喜用酒店		原　　因			
往来情况	合约 / 贵宾号		签约日期		销售人员	
	前年房数		长包房数		消费金额	
	去年房数		长包房数		消费金额	
	今年房数		长包房数		消费金额	
对酒店意见	总体印象					
	客　　房					
	餐　　饮					
	康　　乐					
	其　　他					
备注						

二、客户挂账申请表

编号： 日期：____年__月__日

申请挂账单位		营业性质	
授权签单人		被授权签单人	
授权金额		详细地址	
以下由酒店填写			
申请挂账单位的概况及信誉情况			
推荐部门评估	推荐部门经理签字：		
营销部评估	营销部经理签字：		
财务部经理意见：		总经理或其授权人批示：	

三、客户拜访记录表

公司名称		公司地址	
访谈日期		访谈地点	□ 酒店 □ 客户的办公室
联系人		联系电话	
消费经历	该公司是否在本酒店消费过 □ 是 □ 不是 如果是的话，对本酒店的总体评价 □ 很好 □ 好 □ 一般 □ 差 其他评价：		
拜访目的	1. 2. 3.		
报告内容	1. 2. 3.		
个人意见和销售计划	1. 2. 3.		

销售人员： 跟踪日期：____年__月__日

四、销售人员业绩报表

业绩项目 \ 销售人员姓名					合计
1	本人负责商务客户数				
2	签约商务客户数				
3	负责的商务客户的消费额				
4	半年无消费的商务客户数				
5	本月欠账的商务客户数				
6	本月欠账总额				
7	累计欠账总额				
8	重要接待次数				
9	负责的商务客户入住间数				
10	负责的商务客户入住天数				
11	探访客户的次数				

制表人：　　　　　　　　　　　　　　　　　　　　　　　　　　月份：____月

五、客户订房协议书

客户订房协议书

感谢贵公司成为本酒店签约商务客户，我们很荣幸能够提供给贵公司特惠房价。特惠房价有效期自____年____月至____年____月。具体内容见下表。

客房特惠、标准房价比较表

房间类型	特惠房价	标准房价
标准房	××元/天	××元/天
豪华标准房	××元/天	××元/天
二连套	××元/天	××元/天
三连套	××元/天	××元/天
总统套房	××元/天	××元/天

注意：

（1）以上房价均以人民币标价；

（2）以上房价均需另加服务费，且不包含佣金；

（3）标准房价若有更改，恕不事先通知。

六、宾客意见征询函

宾客意见征询函

1. 请指出您是从哪里获得这张意见征询函的

☐ 在我的客房里

☐ 和我的账单一起在办离店手续时

☐ 其他（请说明）__________

2. 请您对本酒店进行总体评价

☐ 优秀　☐ 良好　☐ 一般　☐ 尚可　☐ 差

3. 您是如何进行预订的

☐ 酒店的预订部门　☐ 团体预订卡

☐ 公司负责联系　☐ 免费电话预订系统

☐ 旅行社　☐ 其他（请说明）__________

4. 当您来到酒店时，酒店保存的有关您的预订信息是否正确

☐ 正确　☐ 不正确

如果您的回答是“不正确”，请指出下列信息中哪些是不正确的

☐ 名字不正确　☐ 价格不正确　☐ 地址不正确

☐ 团体规模不正确　☐ 到达日期不正确　☐ 没有预订记录

☐ 离开日期不正确　☐ 所要求的客户类型没有满足

☐ 其他（请说明）__________

5. 请您对下列各项分四个级别予以评价

	优秀	良好	一般	尚可
（1）进店手续办理速度	☐	☐	☐	☐
（2）在您住店期间客房的卫生条件和服务态度	☐	☐	☐	☐
（3）离店手续办理速度	☐	☐	☐	☐
（4）客房价格与价值比较	☐	☐	☐	☐

（5）您所住客房的价格是__________

6. 您对本酒店员工的服务态度的总体评价

☐ 优秀　☐ 良好　☐ 一般　☐ 尚可　☐ 差

请从他们是否提供友好服务这方面评价下列各岗位员工

	优秀	良好	一般	尚可	差
（1）预订员	☐	☐	☐	☐	☐
（2）前台接待员	☐	☐	☐	☐	☐
（3）客房服务员	☐	☐	☐	☐	☐
（4）电话接线员	☐	☐	☐	☐	☐
（5）礼品商店服务员	☐	☐	☐	☐	☐
（6）工程部员工	☐	☐	☐	☐	☐

（续）

（7）前台收银员	□	□	□	□	□
（8）问询员	□	□	□	□	□
（9）大堂服务员	□	□	□	□	□

7. 在您的客房里所有下列设备是否都处于良好状态

□是　　□否

如果您的回答是"否"，请指出有问题的设备

□客房空调　　□浴室水管装置

□客房暖气　　□电视机

□浴缸排水　　□电视接收

□洗脸盆排水　　□灯

□水温　　□门锁

□水压　　□窗帘

8. 在您的客房里所有下列项目是否都处于良好状态

□是　　□否

如果您的回答是"否"，请指出有问题的项目

□灯泡　　□电话

□钟 / 收音机　　□闭路电视

□其他（请说明）________________

9. 请总体评价一下您的用餐情况

□优秀　□良好　□一般　□尚可　□差

（1）餐厅

请指出为您服务的服务员姓名或餐厅名称________________

请指出您的就餐类别

□早餐　□午餐　□晚餐

	是	否
您是否被快速引座	□	□
订菜服务是否快速	□	□
食品服务是否快速	□	□

	优秀	良好	一般	尚可	差
友好服务	□	□	□	□	□
敏捷服务	□	□	□	□	□
食品质量	□	□	□	□	□
菜单多样化	□	□	□	□	□

（续）

（2）客房送餐服务

□ 早餐　□ 午餐　□ 晚餐　□ 夜宵

	优秀	良好	一般	尚可	差
电话预订员	□	□	□	□	□
客房送餐员	□	□	□	□	□
敏捷服务	□	□	□	□	□
食品质量	□	□	□	□	□
菜单多样化	□	□	□	□	□

（3）鸡尾酒休息室

请指出休息室的名字________

□ 上午 11 点到下午 5 点　□ 下午 5 点到下午 8 点　□ 晚上 8 点到关闭

	优秀	良好	一般	尚可	差
敏捷服务	□	□	□	□	□
友好服务	□	□	□	□	□
关注服务	□	□	□	□	□
饮料服务	□	□	□	□	□

（4）宴会和会议活动

请指出活动的名称________

	优秀	良好	一般	尚可	差
敏捷服务	□	□	□	□	□
友好服务	□	□	□	□	□
食品质量	□	□	□	□	□

10. 您这次入住酒店的主要目的

□ 游乐　□ 会议　□ 集会或宴会　□ 商务

11. 您以前是否来过本酒店

□ 是　□ 否

12. 如果您再到本地区来，您是否还愿意再次光临本酒店

□ 是　□ 否

如果您的回答是“否”，请指出不再来的原因

□ 其他的酒店更加方便　□ 餐厅质量

□ 客房质量　□ 会议室质量

□ 服务质量　□ 价格

□ 其他（请说明）________

13. 在过去 12 个月里您在酒店过夜的商务旅行次数是____次

（续）

14. 您是否是本酒店荣誉宾客奖励计划的成员 □是　　　　　　　　　　　　□否 15. 您对本酒店的其他评价 ____ 请您清晰填写下列信息 到达日期：____________　离开日期：____________ 住店天数：____________　房间号码：____________ 姓名：____________　□先生　□女士 地址：____________________________________ 商务电话：区号____________　电话号码____________ 非常感谢您的回答，谢谢您的合作！

七、长包房租赁协议

长包房租赁协议

此协议于____年__月__日由________________（以下简称“酒店”）（地址：________________）与__________________（以下简称“承租人”）（地址：__________________）双方共同制定。

一、双方经友好协商达成如下协议

1. 酒店方同意将____号至____号房间出租给承租人（以下简称“出租房间”），至____年__月__日截止，租金不变。

2. 酒店为承租人提供______部分机电话。因线路原因，若承租方需要加直拨电话，分机电话数量将相应地减少。

二、承租人同意

1. 自起租日开始5天内，向酒店支付相当于一个月租金（____________元）的押金。此押金不包含利息，在合同期满时酒店将退还给承租人。然而任何由于承租人违反合约而造成的损失，酒店应从押金中扣除一部分或全部作为赔偿。

2. 从承租开始第1天起及以后合同期内的每月5日前，承租人需支付相当于每间每天__________元的全月租金。该价格不含电话费。电话费及其他费用应在每月月末支付。若有拖欠，将自拖欠之日起，每天加罚2%的滞纳金，若拖欠逾期30天，则视为承租人单方终止合同。

3. 在承租期内没有酒店的书面同意，不得转换、转让或分租部分房间给其他人。

4. 遵守酒店的规章制度。

5. 不得使用出租房间进行任何非法及不道德活动。

6. 未征得酒店的书面同意，不得对出租房间进行任何改变。

（续）

7．出租房间的内部、地面、墙壁、顶棚及室内的装置，包括所有出租房间的门、窗、电器设施、排风扇、管道、线路应保持良好状态。

8．在接到酒店书面通知7日之内，赔偿不论是由于承租人疏忽还是由于承租人的服务员、职员、工人、客户无法控制的因素造成的任何损坏的原有设施的更换费用。

9．在出租房间内不得做任何对建筑结构、设备、设施的任何一部分会产生伤害、损坏的活动。

10．在出租房间内不得安装使用除标准办公用品以外的任何设备、机器用品，未征得酒店书面同意，也不得安装额外的电线。心须配电的办公设备，应征得酒店批准同意，由酒店派电工进行安装。

11．允许任何酒店授权的酒店工作人员在任何合理的时间内对出租房间进行检查，并完成必要的维修与保养工作。

12．除了指出酒店的地址、位置外，不得在与承租人有关的生意经营中使用酒店名称。

13．不得在出租房间或部分出租房间内存放易燃物以及数量较多的杂物。

14．任何时间不得在出租房间内大声播放音乐、制造噪声。

15．不得改换出租房间入口门上现有的门锁、门栓或其他装备，未征得酒店书面同意，也不得额外增加门锁、门栓或其他装备。

16．空调系统运转时，请保持门窗在关闭状态。

17．不得在出租房间外摆放任何物品。

18．合同期满时，归还出租房间内的所有原有设备，所有设施应保持在完好、干净、可出租状态，并清理掉所有个人物品。

19．分机电话不可做传真机使用，若承租人需安装直线或传真机，必须征得酒店同意并由承租方支付相应费用。

三、特别提示

1．酒店将对电动扶梯、电梯、公共照明、火警监视、空调系统的失灵或停止运转向承租人作出合理保证，但不能减少或降低所应该付的租金或部分租金。

2．在任何情况下，酒店不对在出租房间内发生的丢失、盗窃向承租人做任何保证与赔偿，但可以协助承租人报案、配合公安机关调查。

3．酒店应为承租人提供信件、报纸传递、卫生清洁等服务，并为出租房提供电视机一台、电视柜一个。

四、装修承诺

在承租期内，酒店可能对自身的某些部分进行装修，届时酒店将保证承租人正常出入，对因施工给承租人造成的影响，请承租人给予谅解，但不能减少所应该付的租金或部分租金。

五、终止协议

在承租期内，双方都有权提前终止此协议，但应提前30天以书面形式通知对方，在扣除对酒店的所有未付账款后，酒店应在协议终止后将承租人所付两个月押金退还给承租人。

六、未尽事宜

双方在执行合同时应有诚意，在试图解决任何不符合之处时应保持友好态度，并且坚持相互信任的原则。

（续）

<table>
<tr><td>
七、协议的监督执行
本协议及协议中的条款、条件交由酒店和其继任或指派人监督执行。承租人也应履行义务，严格执行承租承担的责任。

酒店授权代表签字：______________________　　　　日期：____年__月__日
承租人代表签字：______________________　　　　日期：____年__月__日
</td></tr>
</table>

八、长包房客户优惠政策

长包房客户优惠政策

1．长包房客户定义

本酒店所指的长包房客户是指签订长包房租赁协议连续居住30天以上的客户。

2．价格策略

根据长包房性质、居住时间、房型以及其居住时间段酒店的预订情况，给予一个双方都能接受的价格。一般略低于A级商务合约价，但可根据客户对价格的关注程度，努力争取最大的利润额。

3．优惠政策

除房价外，长包房客户所享受的其他配套设施的优惠项目见下表。

长包房优惠项目表

序号	项目	数额	折扣	备注
1	西式自助早餐	每房2份	免费	
2	享用游泳池、健身中心	每房限2人	免费	
3	擦鞋服务	每周2次	免费	每次2双，限皮鞋
4	四种水果果篮	每周1篮	免费	
5	洗衣、熨烫服务	每周2次	免费	每次2件
6	享用欢迎饮品（软饮料）	每周2份	免费	
7	免费洗衣服务处的洗衣	不限次数	九折	
8	中餐厅消费	不限次数	九折	香烟、酒水除外
9	西餐厅消费	不限次数	九折	香烟、酒水除外
10	娱乐、康体场所消费	不限次数	九折	香烟、酒水除外

备注：本酒店有权根据自身的经营状况对上述项目予以调整。

第六节　商务销售组服务质量提升方案

一、客户走访前准备方案

标　题	客户走访前准备方案		文件编号		版本	
执行部门		监督部门			考证部门	

一、目的

1．是否为初次拜访开发新客户。

2．是否要向客户介绍酒店的新动态（新产品、新设施、新价格政策）。

3．是否为了收集竞争对手情报信息。

4．是否为了与客户联络感情。

5．是否为了处理客户方面的异议。

二、适用范围

本方案适用于销售人员对酒店客户走访前的准备工作。

三、制订“日客户走访计划”

在走访客户前，走访人员要制订一个日客户走访计划如下表所示。

日客户走访计划表

序　号	客户名称	走访目的	走访记录	备注
1				
2				
3				
…				

四、了解客户基本信息

制订好日客户走访计划后，销售人员在进行客户走访前，要了解客户的基本信息，具体需要了解的信息有以下三点。

1．查阅酒店资料库，了解客户的近况。

2．了解主要拜访人物的爱好、性格。

3．关注访问对象近期是否有特殊意义的事件发生（比如生日、企业周年庆典、经营上的成就等）。

（续）

五、进行电话预约 在走访客户前，先要进行电话预约。电话预约的主要目的有以下三个。 1．表示对客户的尊重。 2．向客户说明走访的目的。 3．便于客户安排出接受拜访的时间。 六、查询走访路线 销售人员在走访客户前，要弄清走访路线，以便节省工作时间。 七、带好走访物品 在走访前，要带好走访时需要的物品，具体物品有以下几种。 1．笔和记录本。 2．酒店宣传册。 3．酒店产品服务介绍。 4．酒店销售政策，折扣、优惠办法。 5．名片和工作证。 6．礼品。	
相关说明	

二、新客户实地拜访方案

标　　题	新客户实地拜访方案		文件编号		版本	
执行部门		监督部门		考证部门		

一、目的

为了使销售人员的拜访顺利进行，提高对新客户的拜访效果，特制定本方案。

二、适用范围

本方案适用于销售人员实地拜访新客户的情形。

三、实地拜访程序

1．电话预约

销售人员在拜访新客户时，要进行电话预约。电话预约的主要内容包括以下几个方面。

（1）在电话中进行自我介绍。

（2）陈述打电话的目的，并简单介绍自己所服务的酒店的基本情况。

（3）引起潜在客户的兴趣。

（4）要求安排一次会面。

2．登门拜访

电话预约成功后，销售人员在登门拜访客户时，要做好以下几点。

（续）

（1）按约定时间抵达约定目的地。 （2）自我介绍，递上名片（交换名片要双手递接，表示尊重）。 （3）了解客户的基本情况（如姓名、职务） （4）介绍酒店的基本情况。 （5）了解客户的消费能力和需求。 （6）根据客户的兴趣爱好，尽可能多方面介绍酒店优势。 （7）询问客户的合作诚意。 四、注意事项 销售人员在登门拜访新客户的过程中，要注意以下几个方面的问题。 1．介绍用语。比如，“抱歉，打扰一下，我是……（同时递名片）有关酒店的情况能不能允许我介绍一下”。 2．确认对方的身份（主要确定谁是决策者）。比如，“请问你是……主任吗？”或“有关接待方面的工作，是不是找办公室主任？” 3．在对方还没说“请坐”以前，绝不可坐下，入坐时避免坐在对方的正前方，应坐在左侧或右斜方。 4．第二次拜访时，先感谢客户的第一次热情接待，然后送上酒店的宣传资料及报价表。 5．第三次拜访时，应与客户建立起一种亲密的客情关系，谈话主题应深一层，在与客户的长期接触中，要建立一种自然的合作关系。	
相关说明	

三、大客户关系维护方案

标　　题	大客户关系维护方案		文件编号		版本	
执行部门		监督部门		考证部门		
一、目的 为了改善酒店与大客户的关系，提高大客户的忠诚度，特制定本方案。 二、含义界定 本方案所指大客户是指在本酒店年累计消费额超过50万元（包含50万元）或一次性消费额超过30万元（包含30万元）的客户。 三、适用范围 本方案适用于酒店大客户关系维护。 四、大客户关系维护方法 1．了解大客户需求 （1）酒店方要弄清大客户的需求，诸如对产品报价的时间要求，预订房间、设施的数量要求，折扣与奖励的利益要求，促销与推销的支援要求等。						

（续）

（2）酒店方还要了解自己的产品能在多大程度上满足大客户的需求，根据实际情况，将两方面的需求结合起来，建立一个有计划的、垂直的联合销售系统。

2．正确处理大客户关系

（1）大客户要求优先。对大客户关于产品数量以及产品系列化、一条龙服务的要求优先满足，以便提升大客户对酒店的好感和忠诚度。

（2）主次兼顾的处理关系。酒店方不但要处理好掌握着产品选择与预订、接待费用支付等大权的客户中上层主管的关系，而且要处理好客户公司其他部门职员的关系。

3．为大客户提供援助

酒店方应积极主动协助大客户开展各种活动，利用一切可以利用的机会加强与大客户之间感情与情报资料的交流，特别是大客户在开业周年庆典、获得特殊荣誉、重大商业举措的时候，酒店方应充分关注大客户的一切动向，并及时给予恰当的、受欢迎的支援或协助。

4．以大客户意见评价销售人员

从大客户那里，酒店管理者可以比较全面地了解销售人员为大客户服务的情况，对销售人员的工作实施必要的监督与考核，对于工作不力的员工要提出整改、培训或调动等方面的处理意见。

5．加强信息相互传递

大客户管理中有一项很重要的工作就是及时和准确地统计、分析、汇总大客户销售数据与情报，并呈报营销总监和总经理办公室，以便酒店针对市场变化及时进行调整，保证与大客户之间信息传递及时、准确，紧紧把握市场脉搏，这是酒店以客户为导向的一个重要前提。

6．召开恳谈会、联谊会

酒店方可有计划地组织召开大客户恳谈会、联谊会，听取大客户对酒店产品、服务、营销、产品开发、酒店业高新技术的采用、消费者需求趋势等方面的意见和建议，介绍酒店在采纳大客户的意见与建议的基础上对酒店产品所作出的改进与完善的地方，说明酒店今后的打算与发展计划等。

7．制定大客户奖励政策

酒店制定适当的大客户奖励政策，可以有效地刺激客户的销售积极性和主动性，对稳定大客户的长期交易作用明显，比如各种折扣、合作促销让利、返利等。

相关说明	

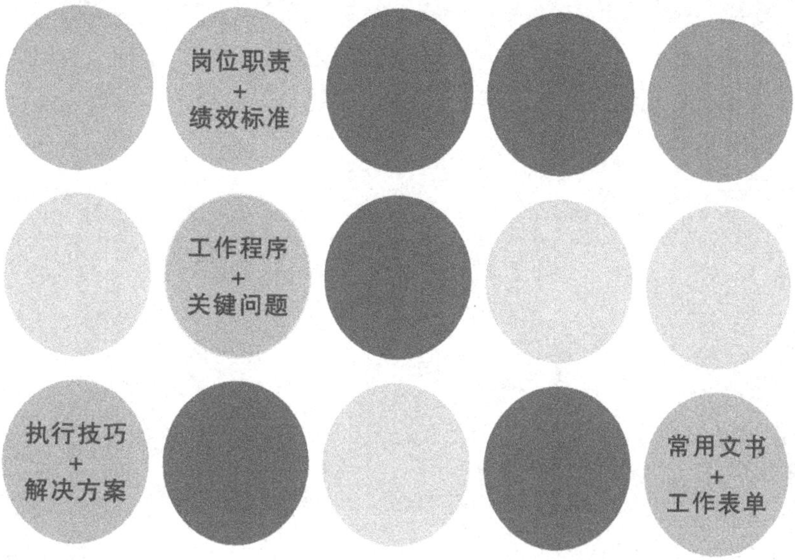

第五章

会议销售组精细化管理

第一节　会议销售组岗位描述

一、会议销售组岗位设置

会议销售组岗位设置	人员编制
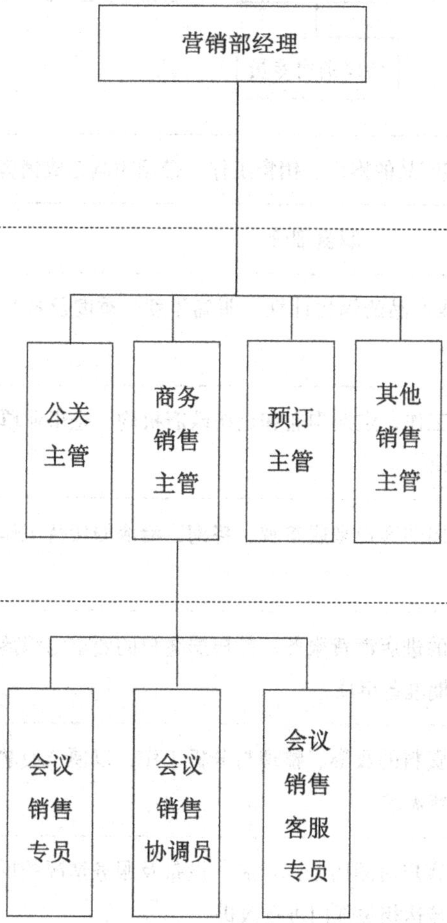	经理级____人 主管级____人 专员级____人
相关说明	

二、会议销售主管岗位职责

<table>
<tr><td>岗位名称</td><td>会议销售主管</td><td>所属部门</td><td>营销部</td><td>编　　号</td><td></td></tr>
<tr><td>直属上级</td><td>营销部经理</td><td>直属下级</td><td>会议销售专员</td><td>晋升方向</td><td></td></tr>
<tr><td>所处管理位置</td><td colspan="5">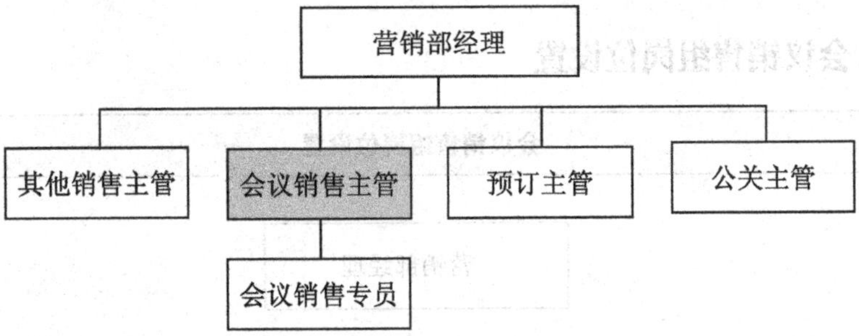</td></tr>
<tr><td>职责概述</td><td colspan="5">负责酒店会议服务或产品的推广、销售工作，带领团队完成销售目标</td></tr>
<tr><td>职　　责</td><td colspan="4">职责细分</td><td>职责类别</td></tr>
<tr><td>1. 制订会议销售计划</td><td colspan="4">制订酒店会议服务或产品的销售计划，明确年度、季度及各月度的会议销售目标</td><td>周期性</td></tr>
<tr><td rowspan="2">2. 组织开展销售工作</td><td colspan="4">（1）组织销售拜访工作，定期沟通和走访政府机构、企事业单位及各类协会组织</td><td>日常性</td></tr>
<tr><td colspan="4">（2）组织做好有意向的客户来店参观、咨询、洽谈的接待工作，努力促成合作</td><td>日常性</td></tr>
<tr><td rowspan="3">3. 客户服务管理</td><td colspan="4">（1）跟踪会议客户的进店消费服务，并根据客户的要求组织落实客户会议的前期准备事项</td><td>日常性</td></tr>
<tr><td colspan="4">（2）组织做好客户资料的收集、整理与分析工作，以便全面掌握客户的会议消费需求</td><td>日常性</td></tr>
<tr><td colspan="4">（3）积极听取会议客户对酒店会议设施、设备及服务情况的反馈意见，并及时转达相关部门进行改进</td><td>日常性</td></tr>
<tr><td rowspan="2">4. 其他相关工作</td><td colspan="4">（1）积极完善酒店会议销售及会议服务的各种工作程序、制度</td><td>特殊工作</td></tr>
<tr><td colspan="4">（2）参与下属销售人员的培训、考勤与绩效考核工作</td><td>周期性</td></tr>
</table>

三、会议销售专员岗位职责

岗位名称	会议销售专员	所属部门	营销部	编　号	
直属上级	会议销售主管	直属下级		晋升方向	
所处管理位置	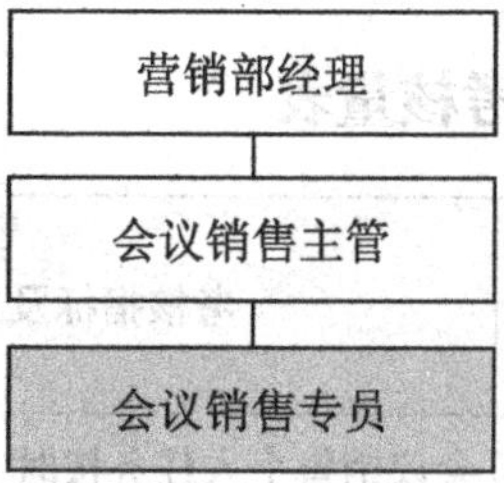				
职责概述	具体执行酒店会议服务及产品的销售工作，维护良好的客户关系，并协助财务部收银处做好会议客户的账款结算工作				

职　责	职责细分	职责类别
1. 会议销售	（1）按计划完成客户联系、拜访工作，根据实际情况，开展会议服务及产品的推荐工作	日常性
	（2）在授权范围内，与客户开展会议预订的洽谈、签约工作	日常性
	（3）接待来店参观、咨询的客户，介绍酒店设施和服务	日常性
2. 会议服务跟进	（1）落实并定时检查会议预订的各项服务及设施、设备的准备工作	日常性
	（2）在客户会议进行中，协调酒店各部门做好会议中的服务工作，及时处理客户的意见及服务需求	日常性
3. 协助账款结算	（1）协助财务部做好会议客户的资信调查、账款结算工作	日常性
	（2）对会议客户所欠账款要及时催收	周期性
	（3）做好催回账款的及时报账	日常性
4. 客户信息管理	（1）及时收集、整理客户的信息资料，为会议销售工作做好信息准备	日常性
	（2）及时整理会议销售及会议服务过程中的各类文件资料、客户反馈意见，并建立客户档案，留待档案管理员月底归档	日常性

第二节 会议销售组岗位考核量表

一、会议销售主管绩效考核量表

序号	考核内容	考核指标及目标值	考核实施	
			考核人	考核结果
1	组织开展会议销售业务，确保按时完成销售任务	会议销售个人任务按时完成率达到____%		
		会议销售任务按时完成率达到____%		
		会议销售额达到____万元		
2	跟进会议客户的进店消费服务情况	客户对会议服务投诉率不超过____%		
		客户对酒店其他部门的营业利润贡献率达到____%		
3	完成下属销售人员的培训、考核工作	下属销售人员培训考核、工作考核合格率达到____%以上		

二、会议销售专员绩效考核量表

序号	考核内容	考核指标及目标值	考核实施	
			考核人	考核结果
1	开展会议销售业务	会议销售额达到____万元		
		客户对酒店其他部门的营业利润贡献率达到____%		
2	跟踪、督办客户预订会议的准备事宜	客户会议前期准备事项落实及时率达100%		
		客户对酒店会议设施、设备及服务的意见及建议漏转率控制为0		
3	整理会议销售资料	客户的信息资料应及时归档，并且确保信息资料完整、准确		

第三节　会议销售组工作程序与关键问题

一、会议业务拓展程序与关键问题

会议业务拓展程序

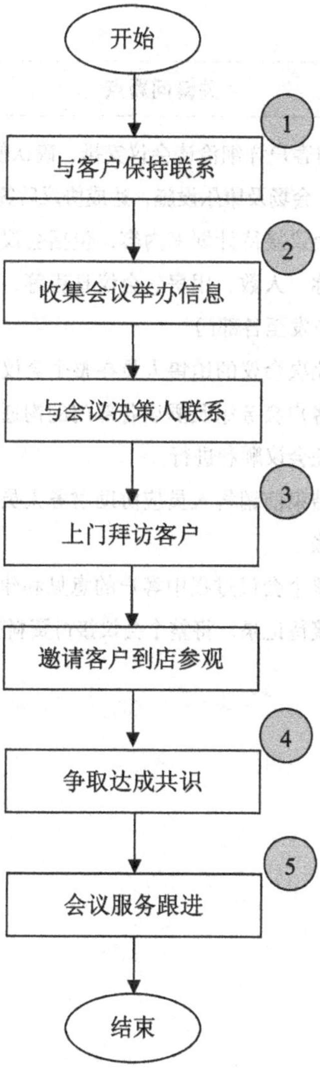

工作目标

1. 增进目标客户对酒店的认知度
2. 拓展酒店会议业务客源

关键问题点

1. 销售人员应与各类行业协会、政府机关和会议组织机构等会议的主要来源单位建立并保持密切联系，及时获得会议信息
2. 在获得会议的举办信息后，首先要弄清楚以下两方面内容
（1）会议规模，规模越大，提前预订的时间越早
（2）会议举办时间，销售人员应提前与会议决策人取得联系
3. 上门拜访客户需要做好以下两个方面的工作
（1）在登门拜访客户前，要对会议的服务要求、酒店的服务能力做好分析，准备好充足的资料，以保证拜访工作的成功
（2）拜访会议的主要决策人，介绍酒店的设施服务、举办经验，并邀请其来店参观
4. 与意向客户就服务要求、设备保证、用餐、住宿等条件进行洽谈，努力达成协议
5. 对会议会场、用餐、住宿的准备情况，以及临时增加服务的协调情况，销售人员要进行跟踪服务

二、会议销售操作程序与关键问题

<table>
<tr><th>会议销售操作程序</th><th>工作目标</th></tr>
<tr><td rowspan="3">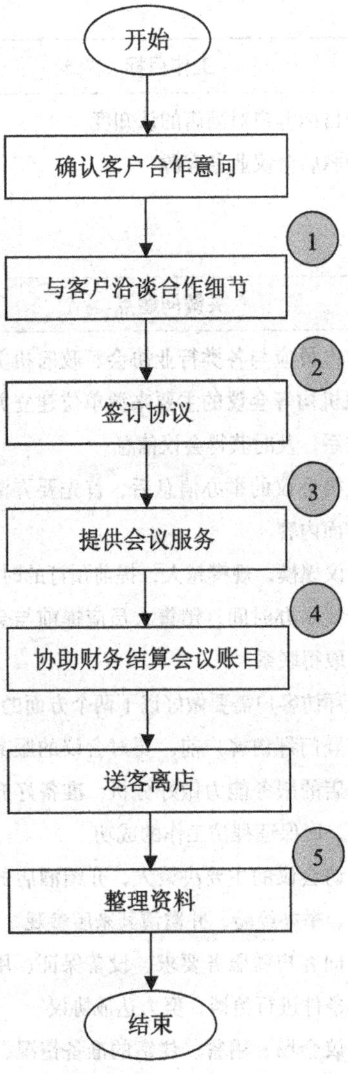
</td><td>1．促成合作，达成销售目标
2．保证服务质量，提高客户满意度
3．保持联络，培养忠诚客户群体</td></tr>
<tr><th>关键问题点</th></tr>
<tr><td>1．与意向客户详细洽谈会议安排，确认使用客房、餐厅、会场及康乐设施，达成协议后签约
2．拟订会议接待计划书内容，包括会议名称、单位名称、人数、用房、会议日程等，并将相关通知单发至各部门
3．负责此次会议的销售人员在整个会议过程中保持与客户会务组及酒店各部门的沟通，随时协调保证会议顺利进行
4．会议结束前销售人员应协助财务人员复核账目后结账
5．了解整个会议过程中客户的意见和建议，做好会议接待记录，将整个会议接待资料存档</td></tr>
</table>

三、会议室出租操作程序与关键问题

会议室出租操作程序	工作目标
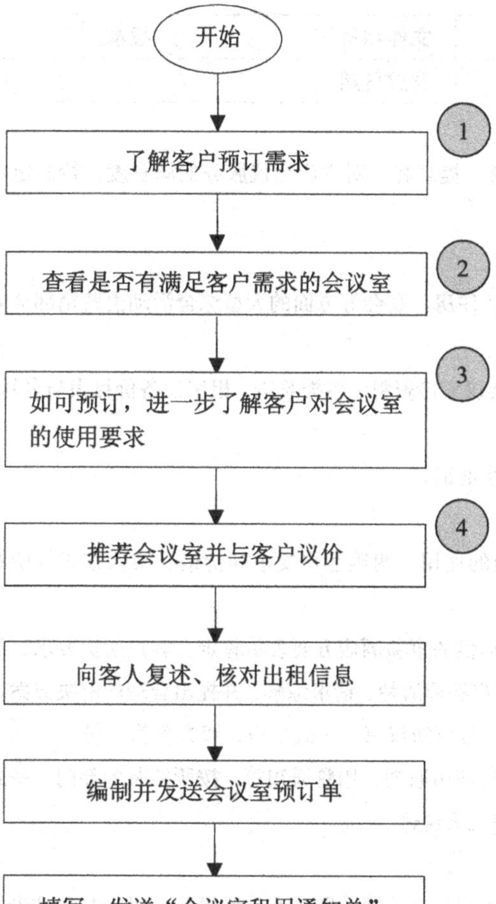开始 1 了解客户预订需求 2 查看是否有满足客户需求的会议室 3 如可预订，进一步了解客户对会议室的使用要求 4 推荐会议室并与客户议价 向客人复述、核对出租信息 编制并发送会议室预订单 填写、发送“会议室租用通知单” 结束	1. 按客户要求提供相应的会议室，令客户满意 2. 保证出租价格合理，确保酒店利益 3. 保证预订信息传递的及时、到位、准确 **关键问题点** 1. 了解客户租用会议室的时间、参加人数、联系方式、特殊要求等 2. 查看有无可出租的会议室，针对客户需求做出推荐 3. 了解承租客户的姓名或承租公司的名称、会议议程、邀请对象、会议桌摆位方式、会议厅布置方式等要求 4. 在不违反酒店定价策略及调价程序的基础上，运用议价技巧与客户达成一致

第四节 会议销售组服务标准与服务规范

一、会议销售服务标准

会议销售组服务标准与服务规范文件		文件编号		版本	
标题	会议销售服务标准	发放日期			

1. 目的

为做好会议销售工作，提高营销部会议销售业绩，提高客户对酒店会议服务的满意度，特制定本标准。

2. 会议销售准备工作

（1）各种会议原则上由营销部负责，涉及租场、住房、宴会等方面的大型综合活动由营销部会同餐饮部、客房部等共同接洽承办。

（2）准备好有关介绍资料，比如会议价目表、会议宣传资料、各类菜谱、租用设备价目表与名片、洽谈记录单等，并按时与客户见面。

（3）带领客户参观会议场地及设施，做好介绍性推销。

3. 销售洽谈

（1）洽谈要确认客房、餐厅、会场及康乐设施的使用，明确客户要求和价格、结款方式等所有事项。

（2）洽谈过程中，对客户提出的问题，应合理提供的事项酒店方要表示肯定；客户所提要求，酒店方因场地限制或其他因素无法满足时，一定要向客户解释清楚，请求谅解，并提出合理的解决方案。

（3）洽谈结束前，应重复各项要点并最终确定，签订协议书，一式二份，双方各执一份。

（4）根据洽谈要求，填写会议接待通知、会议室使用通知、用餐通知等，按所涉及的部门，一式几份，一份留存，其余送到有关部门，要求至少提前三天送达。

4. 会议期间服务

（1）会议前一天，与财务部联系，了解会议方支付订金情况，若未交，要提醒；对信誉欠佳者，可采取相应的措施，对老客户可酌情放宽有关限制；总之，要区别对待客户，确保所有款项收齐。

（2）若有变化，应及时填写“变更通知单”通知有关部门，细微变化可电话通知，记下对方姓名，以便查实。

（3）会议前一小时检查会场布置情况。

（4）会议期间，全方位跟踪服务，了解客户的反映，及时处理与协调有关问题，保证客户满意。

5. 会议结束服务

（1）会议结束时，及时与前厅联系，确保所有款项收齐，处理可能出现的问题，若汇款到酒店，则需经办人对所有款项签字认可。

（续）

（2）征求客户的意见，做好意见记录。 （3）整理各类会议销售、会议服务文件，并登记归档。 （4）为客户建档，注明所有细节，以便今后有针对性地推销。					
签阅栏		签收人请注意：在此签字时，表示您同意下述两点。 1. 本人保证严格按此文件要求执行。 2. 本人有责任在发现问题时，第一时间向本文件审批人提出修改意见。			
相关说明					
编制人员		审核人员		审批人员	
编制日期		审核日期		审批日期	

二、会议销售洽谈规范

会议销售组服务标准与服务规范文件		文件编号		版本	
标题	会议销售洽谈规范	发放日期			

1．目的

为指导销售人员做好会议销售工作，提高洽谈的成功率，特制定本规范。

2．适用范围

本规范主要适用于指导销售人员的销售洽谈。

3．洽谈前销售人员需明确的事项

（1）了解会议的性质、名称、时间、人数、举办单位、联系人、电话号码，准确记录相关要点。

（2）确定会场的地点、形式、音响、灯光、服务、项目、所需的横幅、会标、告示牌、花草布置、签到台、迎宾台、欢迎队伍、文艺演出等要求。

（3）确定用餐标准、宴会人数、地点、日期以及会议的茶水、水果点心、饮料等要求。

（4）确定用房要求，比如房间种类、天数、日期、价格等。

（5）确定场租、设备租用以及其他娱乐配套设施的价格。

（6）确定支付方式，要求会议方支付预算费用的10%作为订金。

（7）确定参会人员泊位数，司机、陪同人员就餐休息地点。

（8）尽量满足会议方的要求，若有困难需事先向客户解释清楚，以免误会。

4．报价时应遵循的策略和规范

（1）回避客户询问单独的房价或餐饮收费标准，应结合会议的整体情况进行报价。

（2）初始报价时，争取提高餐饮标准水平，不要立即报出底价，如果是综合会议（会议、用餐、住房、礼品等服务），可以在优惠会议室收费标准的同时，提高其他项目的消费水平。

（3）防止客户进行价格讹诈，宣称其他酒店的优惠条件、如果不同意某个价格就另选酒店等，销

（续）

<table>
<tr><td colspan="6">售人员要摸清客户的真实意图，介绍酒店的产品优势以及曾接待过的大型、高规格的会议，不得轻易让步。
（4）当客户不能接受报价要压价又超出销售人员的权限时，应联系主管领导，商量相应对策。
5．签订协议时应注意的事项
（1）协议内容除双方约定的权利义务外，还应注明解约办法、违约惩罚。
（2）签订协议必须严密、准确、清楚，双方经办人签字、双方单位盖章。
（3）签订协议书，一式二份，双方各执一份。</td></tr>
<tr><td>签阅栏</td><td></td><td colspan="4">签收人请注意：在此签字时，表示您同意下述两点。
1．本人保证严格按此文件要求执行。
2．本人有责任在发现问题时，第一时间向本文件审批人提出修改意见。</td></tr>
<tr><td>相关说明</td><td colspan="5"></td></tr>
<tr><td>编制人员</td><td></td><td>审核人员</td><td></td><td>审批人员</td><td></td></tr>
<tr><td>编制日期</td><td></td><td>审核日期</td><td></td><td>审批日期</td><td></td></tr>
</table>

三、会议销售记录标准

<table>
<tr><td colspan="2">会议销售组服务标准与服务规范文件</td><td>文件编号</td><td></td><td>版本</td><td></td></tr>
<tr><td>标题</td><td>会议销售记录标准</td><td>发放日期</td><td colspan="3"></td></tr>
<tr><td colspan="6">销售人员在会议销售工作过程中以及结束后，应对每笔业务予以详细记录，并汇报主管领导。
一、业务记录的主要内容
对于每笔会议业务的销售，销售人员自己都应该有详细的工作记录，记录内容至少包括以下几个方面。
1．会议名称
记录会议名称时，要求填写会议的全称。
2．会议举办的具体日期
3．主要联系人信息
记录主要联系人的姓名、职位等相关信息。
4．会议主办单位
记录会议主办单位的名称、联系电话、传真等。
5．会议举办地的详细地址
6．谈判进度
（1）建议阶段，客户还在考虑他们的活动地点。
（2）暂定阶段，客户已经接受建议（如价格、让步、服务），等待协议书的签订。
（3）确定阶段，客户签订协议书。</td></tr>
</table>

（续）

<table>
<tr><td colspan="6">二、预订更改记录
如果客户要求对会议预订的内容进行更改（包括取消），销售人员应做好工作记录，内容包括以下两个方面。
1. 记录变更的基本信息
（1）会议名称。
（2）会议主办单位。
（3）具体需要变更的信息（如形式、地点、人数、日期等）。
（4）指出“原来的”（以前的安排）和“现在的”（现在的安排）不同计划。
（5）记录办理变更的联系人姓名和电话号码。
（6）如果是口头修改（电话中），确认他/她是有权做任何修改的人。
2. 记录客户变更原因
（1）若是因为（人数、规模、经费等）计划改变，客户只是从几个预订中选了一个，在工作记录中也应该说明。
（2）对被拒绝的业务，请客户指明原因（如为什么要拒绝），以进行改进。
（3）若是因为选择了其他酒店，销售人员应设法了解竞争酒店的名称及客户更改原因。
①若因价格，要了解竞争对手提供的价格是多少。
②若有让步，要详细了解让步的幅度。
③若因地点，要了解具体原因。
④若因服务，要说明具体的原因。</td></tr>
<tr><td>签阅栏</td><td></td><td colspan="4">签收人请注意：在此签字时，表示您同意下述两点。
1. 本人保证严格按此文件要求执行。
2. 本人有责任在发现问题时，第一时间向本文件审批人提出修改意见。</td></tr>
<tr><td>相关说明</td><td colspan="5"></td></tr>
<tr><td>编制人员</td><td></td><td>审核人员</td><td></td><td>审批人员</td><td></td></tr>
<tr><td>编制日期</td><td></td><td>审核日期</td><td></td><td>审批日期</td><td></td></tr>
</table>

四、会议室出租服务规范

<table>
<tr><td colspan="2">会议销售组服务标准与服务规范文件</td><td>文件编号</td><td></td><td>版本</td><td></td></tr>
<tr><td>标题</td><td>会议室出租服务规范</td><td>发放日期</td><td colspan="3"></td></tr>
<tr><td colspan="6">1. 目的
为了加强会议室出租管理，提高会议室使用率及客户满意度，减少客户投诉及保证酒店会议室设备的正常运行，特制定本规范。</td></tr>
</table>

（续）

2．适用范围

本规范主要适用于酒店会议室出租报价、出租洽谈等工作。

3．了解客户租用需求

（1）接到客户会议室租用预订时，应先了解客户的情况，与客户确认并记录会议室租用信息及要求，主要包括租用者的姓名或单位名称、联系方式、会议的起始时间及结束时间、参加人数、需用的设备设施、其他特殊要求等。

（2）根据客户要求查看是否有符合出租条件的会议室。

（3）若有符合出租条件的会议室，则进一步了解客户需求，如参加人员名单、会议性质、会议桌摆位方式等，然后根据客户的具体要求简要、有针对性地推荐会议室。

（4）若没有符合出租条件的会议室，应向客户表示歉意，并将问题记录下来进行汇总，作为以后工作改进的依据。

4．会议室租用报价与议价

（1）根据客户的选择，向其初步报价（包括免费的服务种类，如茶、咖啡、文具、话筒、投影仪、音响、录像放映机）。

（2）做好议价工作，超出酒店会议室出租价格政策的，应及时向部门经理请示。

（3）就付款人及付款方式进行确认，要求客户预付____%的订金，预订以收到客户定金时生效。如取消预订，定金不能退换。

（4）如是重要或大型会议，可邀请客户来店参观现场后再敲定细节。会议室钥匙由客房部统一保管，销售人员带客参观会议室，应提前10～15分钟通知客房部把会议室及通道的灯全部打开。

5．会议室租用信息核对

会议室租用时间、价格及付款方式等确定后，相关人员应与客户就相应信息进行核对，并礼貌督促客户尽快交纳定金。

6．订金核查与预订通知

与财务部核查客户订金交纳情况，确定收到客户订金后，为客户预留相应的会议室，并将会议室预订单发送给客户。

7．会议室租用记录

（1）准确无误地在会议室租用记录本上记录客户的姓名、联络方式、预订时间及会议室号码，并输入计算机，实现资料共享，以便本人不在时其他人员能够跟进工作。

（2）将会议室的租用情况告知当班主管或领班。

8．填写会议室租用通知单

预订人员填写会议室租用通知单，及时通知客房部、工程部以及接待处做好准备工作，并将会议室预订单副本交前厅部。

（续）

<table>
<tr><td colspan="6">9．后续跟进及特殊情况处理
（1）及时跟进会议室租用情况，如客户退订或因特殊原因导致会议室无法正常出租的，预订人员应及时与客户协商，寻求双方都满意的解决方案。
（2）全程跟进会议进展情况，与各部门通力合作，保证会议顺利进行，确保会议室设备设施的完好性。出现设备设施损耗的，配合其他部门，做好索赔协商工作。
（3）与其他部门保持良好的合作关系，对于会议期间客户反馈的问题，应及时配合其他部门进行处理。</td></tr>
<tr><td>签阅栏</td><td></td><td colspan="4">签收人请注意：在此签字时，表示您同意下述两点。
1．本人保证严格按此文件要求执行。
2．本人有责任在发现问题时，第一时间向本文件审批人提出修改意见。</td></tr>
<tr><td>相关说明</td><td colspan="5"></td></tr>
<tr><td>编制人员</td><td></td><td>审核人员</td><td></td><td>审批人员</td><td></td></tr>
<tr><td>编制日期</td><td></td><td>审核日期</td><td></td><td>审批日期</td><td></td></tr>
</table>

第五节　会议销售组服务常用文书与表单

一、客户访问报告表

填表人：　　　　　　　　　　　　　　　　　　　　　　日期：____年__月__日

单位名称		组织性质	
详细地址		电话或传真	
联系人		职务	
联系人电话		电子邮箱	
拜访抵达时间		拜访离开时间	
访谈内容概要			

二、销售拜访计划表

销售专员：　　　　　　　　　　　　　　　　　　　　　　　　　　　　日期：____年__月__日

星期	日期	拜访客户的详细情况				拜访目的	准备资料	备注
		公司名称	地址	联系人	职务			
一								
二								
三								
四								
五								

三、会议销售确认书

会议销售确认书

致__________公司__________先生 / 女士

电话：______________________　　　　传真：______________________

__________先生 / 女士：

您好！

十分感谢贵公司对本酒店的信赖和支持，现根据我们电话约定和您对合同意向书的反馈，特制定以下方案，以供贵公司确认。

一、会议日期

____年__月__日。

二、会议时间

9：00—15：00 会议，12：00—14：00 自助午餐。

三、会议人数

25 人（确定）~ 40 人（预计）。

四、会议地点

本酒店________厅。

五、会议安排

1．与会议厅内设置 40 人课堂式摆位。

2．提供纸、笔、纯净水。

3．如需要可提供大屏幕和投影仪。

4．于会场内挂主题横幅，我方可代为制作。

5．提供上、下午两次咖啡茶歇（有点心）。时间为：10：30—10：45，15：30—15：45。

6．提供两块指示牌，分别位于大堂及会议厅门口两侧（内容请通知我方）。

六、用餐安排

建议于________餐厅预留 40 人区域使用自助午餐或于________餐厅预留厅房使用中式午餐。

七、收费标准

1．会议套价为____元 / 位，包含会场场租、两次咖啡茶歇服务、一次自助午餐或中式午餐（酒水另计）、会议常用设施。

2．横幅设计制作价为________元 / 幅。

（续）

八、订金及付款方式

贵公司必须预付会议粗估费用 50% 作为订金，余额与会议结束时一次付清。

________先生 / 女士，望上述方案能使贵公司满意，若有任何建议或要求，请及时与我方联系。若无任何疑问请于下方签名确认并传真回我方。谢谢！

____

酒店营销部

____年__月__日

四、会议接待计划书

会议接待计划书

______公司 / 协会_________先生 / 女士：

您好！

根据贵公司的要求，本酒店为贵公司此次会议设计了以下会议方案，若有任何疑问，请及时与酒店联系，具体协商。

一、会议日程安排

1．__月__日机场接机，报到、入住酒店

我方派专车至机场，接来自各地的贵公司参会人员，送至酒店，安排参会人员报到、入住酒店休息。

2．__月__日至__月__日召开会议

安排参会人员前往会议场地参加会议，我方派专人协助会务组做好会议中各方面的协调工作，以及各种突发事件的处理。

3．__月__日至__月__日会议旅游考察，结束会议

以优惠价格安排参会人员的会后旅游考察工作和离开的票务、接送工作。

二、整体会务服务

1．会议整体策划、设计

2．全程会议操作、跟踪

3．会后总结、整体安排

三、服务流程

1．会议前准备

（1）实地考察

会议召开前一个月，贵公司派考察人员至本市具体景点、景区，我方派专人陪同，考察人员实地考察，

（续）

酒店提供推荐的会场、客房、餐厅、旅游线路。在考察过程中，双方就会议安排方面的细节进行进一步的协商敲定会议最终方案。 （2）会场布置 会议召开前一周，贵公司派会务组至本市具体景点、景区，我方派专人配合，就会场布置事项进行具体设计安排；会议召开前一天，我方将会场按会议要求安排布置妥当。 （3）会议设施 在会议召开前，我方按照贵公司的要求，就会议所需设施进行制作、租用、安排。例如，平面立体 AV 设计、代表证制作、接机牌、车牌、车贴，贵宾鲜花花环、酒店外景空飘、彩虹门、刀旗、灯笼立柱、横幅、汽球编花、鲜花墙、礼仪、接待台卡、笔记本电脑、激光打印机、复印机、传真机、装订机专业桁架（平面、立体）、特装搭（舞台、背景板、展台）、会议日程展架、易拉保、各种指示牌及普通对讲机。 （4）参会人员报到 参会人员到达之前，我方配合会务组安排参会人员在酒店大堂内组织会议报到。 （5）会议召开 我方派专业会务人员配合会务组进行具体的会议操作。 （6）票务信息提供 及时准确提供机票、火车票信息。 2．会中服务 （1）提供专业外语翻译、摄像，礼仪公关和文秘服务。 （2）免费提供经验丰富的接待人员全天协助会务工作（包括办理参会人员签到、接待、资料整理与分发，分房、展台规划及会场布置等工作）。 （3）会议期间可为贵宾客户提供特殊照顾和服务。 （4）向参会人员提供全市范围内机场、火车站接送服务。 （5）提供会议期间的后勤保障工作和外围的协调服务（如打印、复印会议相应资料、提供房间鲜花、水果、摄影等），代办会展用品的航空、铁路搬运和土特产及会议礼品。 3．会后总结 （1）优惠价格安排参会人员的会后旅游考察工作。 （2）协助会务人员处理会后事宜，进行会议期间的工作总结。 四、附录 1．酒店简介 （1）酒店简介 对酒店的概况进行介绍，附图片（略）。

（续）

（2）酒店客房

对酒店客房进行介绍，附图片（略）。

（3）会议厅

对酒店会议场所的进行介绍，附图片（略）。

（4）酒店餐厅

对酒店餐厅进行介绍，附图片（略）。

2. 旅游线路

按照会后实际情况，为参会人员设计制作的具体旅游线路（略）。

3. 景区信息

对旅游线路和会议所在城市的景点、景区进行介绍，附图片（略）。

4. 会议餐饮

为会议设计各种适合的用餐标准（略）。

5. 会议用车

为会议提供各类不同档次的车型（略）。

6. 具体报价

（1）会议用房（标间、单间、各类套房）具体价格（略）。

（2）会议厅具体情况（会议厅尺寸、面积、附带免费项目）及价格（略）。

（3）会议使用设备（如投影仪等）价格（略）。

（4）会议用车（提供各类车型的价格〈单位：元 / 辆 / 天〉）价格（略）。

（5）会议用餐（自助餐、中餐、特色餐、早餐）具体标准和菜单（略）。

7. 票务信息

会议召开城市至参会人员所在各个城市的具体航班及火车信息（略）。

8. 城市简介与注意事项

将参会人员应注意的事项（如会议召开时间段的天气情况、当地风俗、民族禁忌等）进行说明（略）。

________先生 / 女士，望上述方案能使贵公司满意，若有任何建议或要求，请及时与我方联系。若无任何疑问请于下方签名确认并传真回我方。谢谢!

____

酒店营销部

____年__月__日

第六节 会议销售组服务质量提升方案

一、酒店会议销售方案

标题	酒店会议销售方案		文件编号		版本	
执行部门		监督部门		考证部门		

一、目的

为了规范本酒店会议销售人员的销售行为，提高酒店会议销售成功率，特制定本方案。

二、适用范围

本方案适用于酒店的会议销售人员，具体包括营销部经理、会议销售主管以及会议销售专员。

三、会议销售步骤

1．定位目标客户

根据酒店的星级标准、规模、服务项目等实际情况，确定会议销售的目标客户。例如，国际会议的销售对象以海派中型商业机构、企业社团、办事处等客户为主；国内会议的销售对象以各省、市政府和各大中型企业等客户为主。

2．联系客户

（1）定位目标客户后，销售人员根据会议市场的客户情况以及相关信息，主动上门联系，努力争取客户在本酒店召开会议。

（2）在联系客户的基础上，可以要求会议组织者（包括来酒店洽谈的会议客户）参观酒店各类客房、餐厅、会议、娱乐等服务设施，展示并表明本酒店的会议接待规模、规格和酒店住宿、用餐等内部环境以及交通条件，力争客户在本酒店召开会议。

3．销售洽谈

销售人员同会议组织者在参观完本酒店后，在各方面有了充分了解的基础上进行业务洽谈，以便进一步了解客户对会议用房、用餐等方面的需求。在进行洽谈时，双方需要明确一些事项。具体内容如下表所示。

会议销售洽谈需明确的事项一览表

序号	会议销售洽谈需明确的事项
1	用房的种类、各类客房的数量、会议期限、分批入住酒店的时间、大致预测离店日期

（续）

序 号	会议销售洽谈需明确的事项
2	客户的会议价格
3	会议室的使用次数、会议室租金、应配备的设备以及有关接待要求
4	用餐起止日期、用餐标准、用餐人数和每日早、中、晚餐的时间安排
5	娱乐设施的项目、次数、租金或收费标准
6	预付订金的数量和时间
7	账款结算方式和时间
8	违约责任

4. 签订协议

（1）拟订会议销售协议书后，经客户同意，报送酒店总经理审批后正式签署。

（2）根据协议书拟订会议通知书，并将协议书的复印件作为附件，分送到前厅部、客房部、餐饮部、财务部、保安部、康乐部等相关部门。

四、注意事项

1. 在联系客户前，销售人员应搜集有关目标客户的所有信息，以便在拜访和洽谈过程中，很好地了解客户的会议需求。

2. 在带领客户对酒店进行参观前，销售人员要与各部门进行沟通、协调，做好充分的准备工作，以免出现其他意外事件，导致客户对酒店产生负面印象。

3. 在与客户接触的过程中，销售人员要注意着装，女士还应化淡妆，以免给客户留下不专业的印象。

相关说明	

二、会议室预订处理方案

标　题	会议室预订处理方案		文件编号		版本	
执行部门		监督部门		考证部门		

一、目的

为确保销售人员及时准确处理会议室预订，提高销售人员处理会议室预订工作的效率，特制定本方案。

（续）

二、适用范围

本方案适用于销售人员处理会议室预订工作。

三、收到并确认预订

如果客户要求使用会议室，销售人员应检查是否有会议室可用，如有则确认预订，并遵循以下程序处理。

1．告知客户每天或每小时的使用费用。

2．如果是非住店客户，应向客户发送一份会议室预订确认单。如果是住店客户，在征询客户要求的基础上，可以选择发送会议室预订确认单的方式确认，也可以选择本人现场确认。

3．在会议室预订记录本上记录下相关信息。

4．在会议室预订记录本上附上会议室预订确认单。

四、准备客户预订的会议室

在客户使用会议室前，销售人员应确保会议室可供使用。

1．根据预订记录，再次检查客户要求使用的所有设备设施。

2．准备会议用品，包括白板 1 块，水笔 3 支（黑、红、蓝），白板擦 2 个，激光笔 1 支，每个参会人员座位上摆放削好的铅笔一支、带酒店 Logo 白纸 3 张、矿泉水 1 瓶、水杯一个。

3．在会议开始前半个小时，将会议用品放入会议室。

五、会议期间随时服务

1．在会议进行期间，每 30 分钟安排一名服务员为客户添加茶水，并为客户提供其他相关会议服务。

2．客户离开用餐时，服务员应及时做好以下工作。

（1）检查会议室是否干净，不整洁处须及时处理。

（2）及时补充矿泉水、咖啡和茶水，客户已用的矿泉水摆在左侧，新补充的矿泉水摆在右侧。

（3）清空垃圾桶。

（4）重新摆放椅子，将会议用品放回原处，但不得随意动客户物品。

3．会议期间，对于会议临时所做的一些更改及变动须及时与相关部门沟通、协调，并向涉及部门发送更改及变动工作联系单。

六、会后跟进工作

1．会议结束后，销售人员应站在门口，礼貌道别，目送客户离场。

2．客户离开后，服务人员应迅速进入会场仔细检查，如发现客户遗忘的物品，应立即设法追上、交还；未追上的，应报告相关部门主管或大堂副理处理。

（续）

3．销售人员核对会议期间所有账务，及时汇总消费总额，并交销售经理与会务负责人签字确认。销售经理与公务负责人签字确认后的账单应交于总台账负责人保存。会议结束当日，销售人员须将所有账务汇总后交销售经理与会务负责人再次核对确认，无误后交客户签字，并提醒客户按当初约定的付款方式进行付款或挂账。 4．对于挂账会议单位，相关人员要做好后期跟踪工作，一般要求会议结束10个工作日内结清账款。	
相关说明	

三、会议预订更改与取消处理方案

标　　题	会议预订更改与取消处理方案		文件编号		版本	
执行部门		监督部门		考证部门		
一、目的 为了确保销售人员及时处理会议预订更改和取消工作，提高销售人员处理会议预订更改与取消工作的效率，特制定本方案。 二、适用范围 本方案适用于销售人员处理会议预订更改和取消工作。 三、预订更改处理程序 1．在接到会议预订更改后，首先要找出预订原始受理、订房单据，明确会议预订的更改内容，包括房间数量变更、预订日期的变动等。 2．若会议预订更改不增加用房数或延长住宿天数，销售人员可直接进行预订更改，并请会议组织者签字确认。若会议预订更改要求增加用房数或延长住宿天数，销售人员应查阅“预订统计表”，并与前厅部协调，在房态允许的条件下再接受确认。若无法安排，要及时通知会议组织者协商解决。 3．若会议组织者通过电话通知更改，则销售人员应要求对方发送传真、快递等书面文件予以确认。 4．若会议组织者超过截止日期更改会议预订且提出减少用房数或住宿天数等，销售人员应在复函确认中告知对方酒店将按照协议的有关条款执行。 5．会议预订更改后的会议订房要求，应在酒店订房系统中进行修改，确保酒店订房系统数据统计的正确性。 6．整理原始会议预订资料与会议预订取消资料。 7．将上述资料存档，以便备查。 四、预订取消处理程序 1．接到会议预订取消的通知后，应立即找出原预订资料，并加盖酒店的会议取消公章。						

（续）

2．对已取消的会议在酒店订房系统内进行取消处理。 3．超过规定截止日期的会议预订取消，要按照会议预订协议向客户收取预订手续费。 4．整理原始会议预订资料与会议预订取消资料。 5．将上述资料存档，以便备查。	
相关说明	

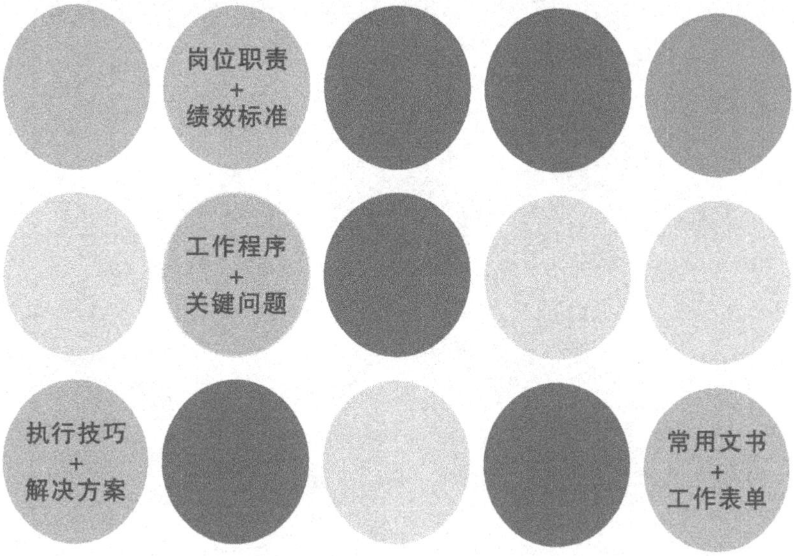

第六章

宴会销售组精细化管理

第一节　宴会销售组岗位职责描述

一、宴会销售组岗位设置

<table>
<tr><th>宴会销售组岗位设置</th><th>人员编制</th></tr>
<tr><td>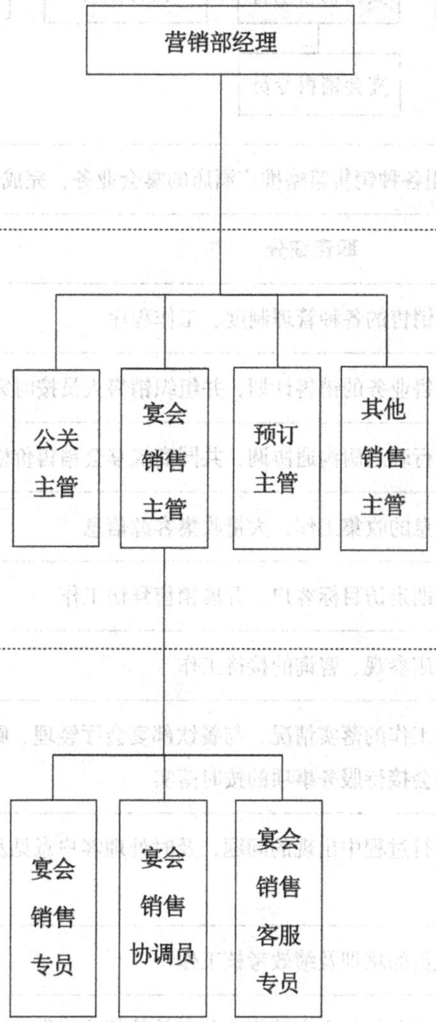
</td><td>经理级____人
主管级____人
专员级____人</td></tr>
<tr><td>相关说明</td><td></td></tr>
</table>

二、宴会销售主管岗位职责

岗位名称	宴会销售主管	所属部门	营销部	编　　号	
直属上级	营销部经理	直属下级	宴会销售专员	晋升方向	
所处管理位置	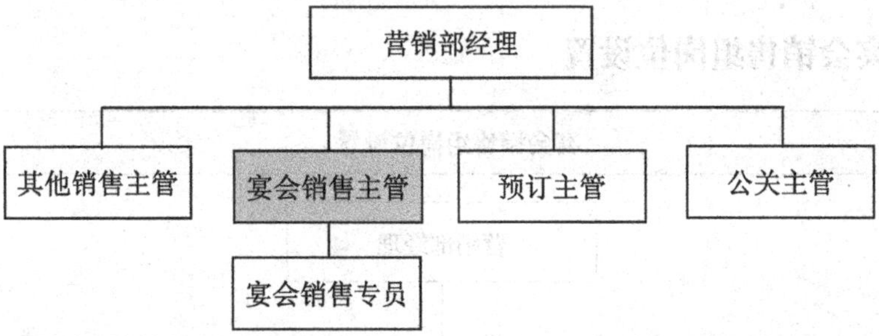				
职责概述	带领宴会销售专员运用各种销售策略推广酒店的宴会业务，完成销售任务				
职　　责	职责细分				职责类别
1．制定宴会销售制度、计划	（1）完善和制定宴会销售的各种管理制度、工作程序				周期性
	（2）制订酒店宴会销售业务的销售计划，并组织销售人员按时完成				周期性
	（3）与餐饮部经理和行政总厨沟通协调，共同商议宴会销售价格				特殊工作
2．组织宴会销售工作	（1）组织开展市场信息的收集工作，大量收集客源信息				日常性
	（2）组织销售专员定期走访目标客户，开展销售拜访工作				日常性
	（3）组织做好客户来店参观、咨询的接待工作				日常性
3．宴会服务	（1）检查宴会前准备工作的落实情况，与餐饮部宴会厅经理、厨师长协调，确保宴会接待服务事项的按时落实				日常性
	（2）及时解决宴会进行过程中出现的问题，及时处理客户意见及建议，使客户满意				特殊工作
4．其他工作	（1）参与下属销售人员的培训及绩效考核工作				周期性
	（2）完成营销部经理交办的与宴会销售业务有关的其他工作				特殊工作

三、宴会销售专员岗位职责

<table>
<tr><td>岗位名称</td><td>宴会销售专员</td><td>所属部门</td><td>营销部</td><td>编　号</td><td></td></tr>
<tr><td>直属上级</td><td>宴会销售主管</td><td>直属下级</td><td></td><td>晋升方向</td><td></td></tr>
<tr><td>所处管理位置</td><td colspan="5">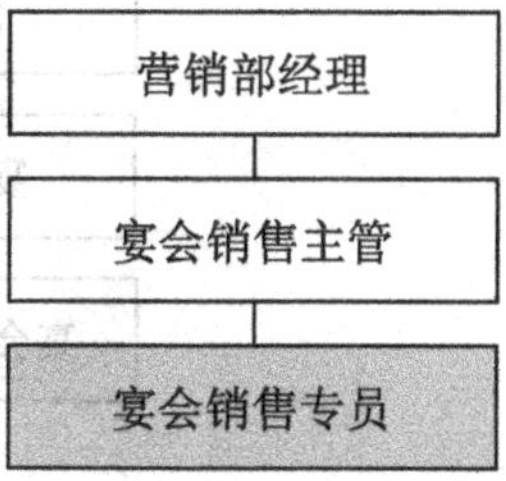
</td></tr>
<tr><td>职责概述</td><td colspan="5">运用各种销售策略与技巧宣传、推荐酒店的宴会服务及产品，并对宴会服务事项予以跟进、落实，使客户对宴会服务感到满意</td></tr>
<tr><td>职　　责</td><td colspan="4">职责细分</td><td>职责类别</td></tr>
<tr><td rowspan="3">1. 宴会销售</td><td colspan="4">（1）根据销售工作计划，拜访或电话访问潜在客户，并做好工作记录</td><td>日常性</td></tr>
<tr><td colspan="4">（2）负责来访客户参观、咨询的接待工作，介绍酒店宴会服务、设施、设备及相应的销售政策</td><td>日常性</td></tr>
<tr><td colspan="4">（3）负责与有意向的客户就宴会的各项细节、价格等事宜进行洽谈和确认，直至签订协议</td><td>日常性</td></tr>
<tr><td rowspan="2">2. 跟进、落实宴会服务事项</td><td colspan="4">（1）实地检查宴会场地布置、菜品设计等前期准备工作，保证符合客户的宴会预订要求，与相关部门协调落实宴会接待服务事项</td><td>日常性</td></tr>
<tr><td colspan="4">（2）在宴会进行过程中，协助客户做好赴宴宾客的招待与服务工作，保证客户对酒店宴会服务的满意度</td><td>日常性</td></tr>
<tr><td>3. 宴会收尾工作</td><td colspan="4">宴会结束后，向客户发函致谢，并征求客户对宴会服务的改进建议</td><td>日常性</td></tr>
</table>

四、宴会销售客服专员岗位职责

<table>
<tr><td>岗位名称</td><td>宴会销售客服专员</td><td>所属部门</td><td>营销部</td><td>编　号</td><td></td></tr>
<tr><td>直属上级</td><td>宴会销售主管</td><td>直属下级</td><td></td><td>晋升方向</td><td></td></tr>
<tr><td>所处管理位置</td><td colspan="5">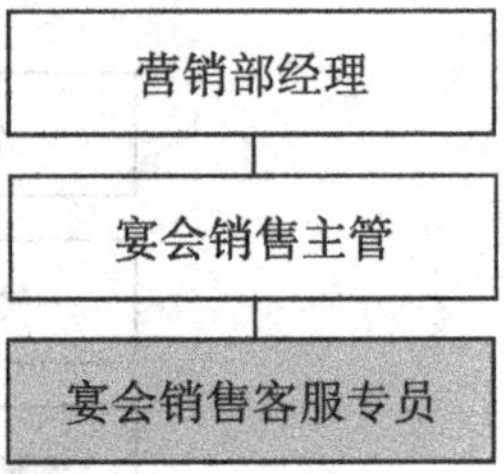
</td></tr>
<tr><td>职责概述</td><td colspan="5">执行酒店客户服务制度和相关政策，提出客户服务改建建议，建立客户档案，及时处理客户投诉，维护良好的客户关系</td></tr>
<tr><td>职　　责</td><td colspan="4">职责细分</td><td>职责类别</td></tr>
<tr><td>1. 执行酒店宴会服务制度和相关政策</td><td colspan="4">遵守酒店有关的宴会服务规章制度和政策，记录客户宴会服务需要，并及时向宴会服务人员传达</td><td>日常性</td></tr>
<tr><td>2. 建立客户档案</td><td colspan="4">根据客户在酒店的登记信息和其他部门提供的相关资料，建立客户数据档案</td><td>日常性</td></tr>
<tr><td>3. 提出客户服务改进建议</td><td colspan="4">通过客户宴会消费记录资料，提出客户服务改进建议</td><td>周期性</td></tr>
<tr><td rowspan="2">4. 及时处理客户投诉</td><td colspan="4">（1）在出现客户投诉后，应及时配合相关部门对客户投诉进行处理，并记录投诉内容</td><td>日常性</td></tr>
<tr><td colspan="4">（2）将投诉处理结果告知客户，若客户对投诉处理结果不满意，应将情况直接报告给营销部经理，由营销部经理给出投诉处理解决方案</td><td>日常性</td></tr>
<tr><td rowspan="2">5. 维护良好的客户关系</td><td colspan="4">（1）定期进行电话回访，以便及时与客户保持沟通，并将酒店的宴会促销信息和其他信息告知客户</td><td>日常性</td></tr>
<tr><td colspan="4">（2）每逢过节或是客户的生日，可以通过电话或短信方式代表酒店向客户表示祝贺</td><td>日常性</td></tr>
</table>

第二节　宴会销售组岗位考核量表

一、宴会销售主管绩效考核量表

序号	考核内容	考核指标及目标值	考核实施	
			考 核 人	考核结果
1	组织宴会销售工作，保证按时完成宴会销售任务	宴会销售任务按时完成率达到____%		
		宴会业务销售额达到____万元		
		宴会销售利润率达到____%		
2	督办宴会落实工作	宴会预订事项及时、准确地予以落实		
3	处理宴会过程中的客户意见	客户意见及要求处理及时率达到 100%		
		客户的满意度评分达到____分以上		

二、宴会销售专员绩效考核量表

序号	考核内容	考核指标及目标值	考核实施	
			考 核 人	考核结果
1	酒店宴会业务销售工作	及时完成销售拜访任务		
		宴会销售额达到____万元		
2	与餐饮部宴会厅、厨房等接待部门沟通协调，落实宴会预订单的要求	宴会预订单及时、准确地按客户的要求予以落实		
3	宴会期间提供跟进服务	客户意见、要求传递及时率达到____%以上		
		客户有效投诉不超过____次		
4	收集客户信息	客户信息收集完整、准确		

三、宴会销售客服专员绩效考核量表

序号	考核内容	考核指标及目标值	考核实施	
			考 核 人	考核结果
1	执行酒店客户服务制度和相关政策	完全按照酒店的宴会服务制度和政策为客户服务		
2	建立客户档案	酒店客户建档率达到 100%		
		酒店客户档案的丢失率为 0		
3	提出宴会服务改进建议	每月提出宴会服务改进建议的数量要达到____条		
		每月提出宴会服务改进建议被采纳的条数要达到____条		
4	及时处理客户投诉	客户投诉处理的及时性		
		客户投诉处理满意率达到____%		
5	维护良好的客户关系	每月客户定期回访次数要达到____次		
		定期回访得到客户有效反馈次数要达到____次		

第三节　宴会销售组工作程序与关键问题

一、宴会销售操作程序与关键问题

<table>
<tr><th>宴会销售操作程序</th><th>工作目标</th></tr>
<tr><td rowspan="3">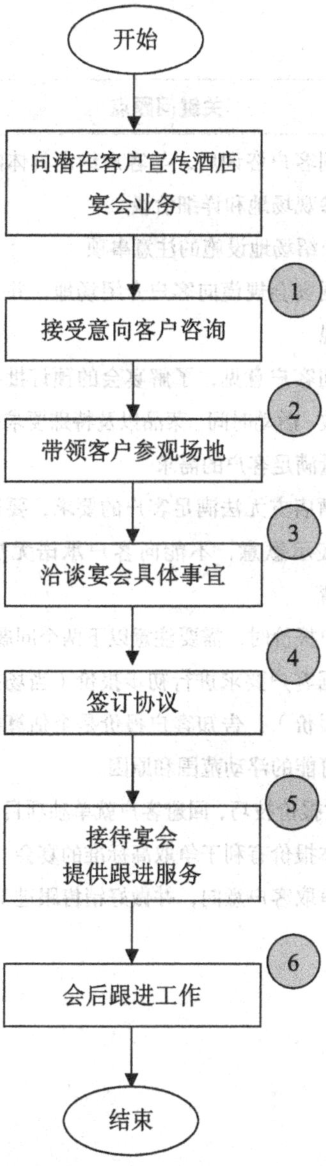
</td><td>1. 拓展酒店宴会销售业务
2. 加大宴会业务的宣传力度</td></tr>
<tr><th>关键问题点</th></tr>
<tr><td>1. 接受客户的电话或上门咨询，向客户介绍酒店环境、交通、设施、菜品、服务；如果客户是电话咨询，应尽量邀请客户现场参观
2. 带领客户现场参观，准备场地平面图，为其解说，让客户了解场地大小和形状；同时，了解客户宴会规模、人数、性质，合理推荐酒店产品
3. 尽早与客户确认预订，明确人数、场所，宴会菜品风味以及特殊要求；与客户保持联系，若有变化随时登记，并且注明更改日期、更改人及登记人
4. 提前向餐饮部发送宴会预订通知，包括预订批次、人数、时间、地点、菜品以及特殊要求
5. 在宴会准备过程中，销售负责人定时到宴会厅检查宴会的准备情况；宴会举办过程中，加强与客户的沟通，及时解决现场问题
6. 宴会结束后的跟进工作主要包括以下三个方面
（1）宴会结束后，销售人员主动征求客户对菜品和服务的意见，并做好记录
（2）与餐饮部交换意见
（3）写信感谢客户并保持联系</td></tr>
</table>

二、宴会销售洽谈程序与关键问题

<table>
<tr><th>宴会销售洽谈程序</th><th>工作目标</th></tr>
<tr><td rowspan="3">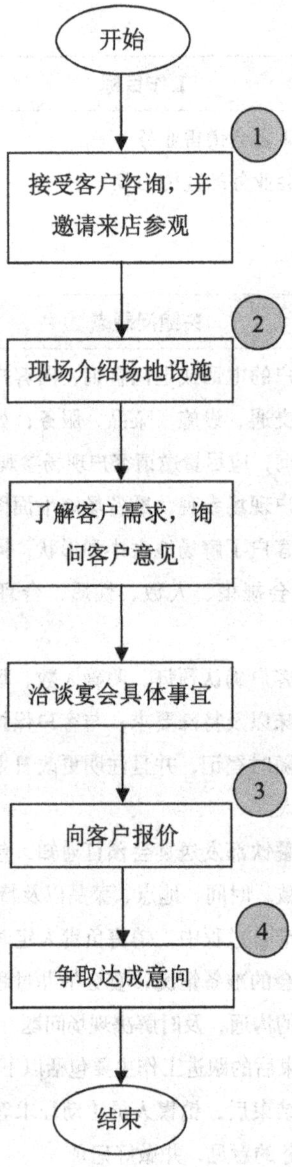
</td><td>1．争取客户预订
2．争取高标准宴会
3．明确预订的具体内容</td></tr>
<tr><th>关键问题点</th></tr>
<tr><td>1．在接到客户咨询后，与客户约定具体的时间来酒店参观场地和详细洽谈
2．现场介绍场地设施的注意事项
（1）根据宴会规模向客户介绍场地，并带领客户参观
（2）询问客户意见，了解宴会的预订批次、具体人数、活动时间、菜品以及特殊要求等信息，尽量满足客户的需求
（3）若酒店方无法满足客户的要求，要进行解释并表示歉意，不能向客户承诺无法办到的事情
3．向客户报价时，需要注意以下两个问题
（1）根据客户要求进行初步报价（当场报价或事后报价），告知客户报价是个估算数，并说明可能的浮动范围和原因
（2）注意报价技巧，回避客户就单独项目的询价，整体报价有利于争取高标准的宴会
4．努力争取客户意向，并做好销售跟进工作</td></tr>
</table>

三、宴会预订落实程序与关键问题

宴会预订落实程序

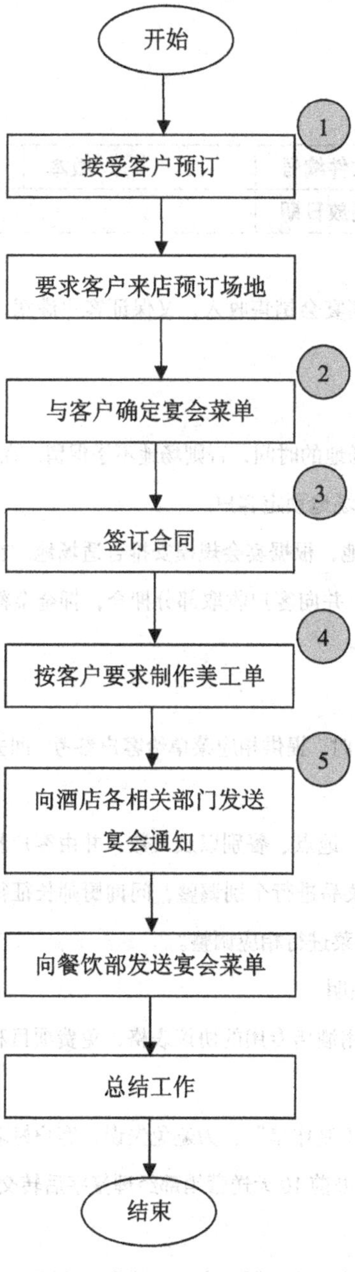

工作目标

1. 保证宴会预订准备工作的顺利、高效
2. 保证宴会举办取得圆满成功
3. 保证客户对酒店服务满意

关键问题点

1. 接受客户预订时，明确告知客户必须按酒店规定于××天内来确认场地，否则场地不予保留；在此期间若另有客户来订场地，应告知前一位场地预订客户
2. 在确定场地的同时，可请客户确定宴会菜单，当客户不能决定时，提供相应菜单供客户参考、回去协商，同时说明菜单确定的时限
3. 场地、菜单确认后，与客户签订宴会合同（协议），将免费项目、非免费项目、是否有订金、订金金额写清楚，并按有关规定一一予以说明
4. 协议签订后，根据客户要求填写美工制作单，为避免失误，客户姓名须由客户亲自书写并留为存根，以备核对
5. 协议签订后填写宴会通知，在一个星期前将文件发有关宴会接待部门，并让其在宴会通知的背面签收做为凭证，宴会结束后由预订处存档

第四节 宴会销售组服务标准与服务规范

一、宴会销售工作标准

宴会销售组服务标准与服务规范文件		文件编号		版本	
标题	宴会销售工作标准	发放日期			

1．目的

为指导销售人员按酒店规定做好宴会销售工作，既提高宴会销售收入，又保证客户满意，特制定本标准。

2．大型宴会销售工作标准

（1）接受客户场地预订时，应明确告知客户提前确认场地的时间，否则场地不予保留。在此期间，如有其他客户来订场地，销售人员应打电话通知一下前一位场地预定客户。

（2）客户来店预订场地时，销售人员应带领客户看场地，根据宴会规模安排合适场地。在客户同意的前提下，在“每日预订单”和“场地预订单”上注明，并向客户收取部分押金，押金金额视宴会规模不等。

（3）与客户确定宴会菜单时，应遵循下列标准。

① 在场地确定时可要求客户确定菜单，当客户不能决定时，提供相应菜单给客户参考，回去协商，同时说明菜单至少在宴会举办前半个月确定。

② 在确定菜单时，一式两份，在菜单上注明宴会日期、地点、餐别以及人数，并由客户签字；明确赠送主食种类，对可选择菜品须二选一。若客户要求对菜品进行个别调整，问询厨师长征得其同意后告之客户差价，并说明因季节变化，酒店有权将个别时令菜进行相应调整。

③ 菜单确定后在“每日预订单”与“场地预订单”上注明。

（4）场地、菜单确认后，与客户签订宴会协议时，使用酒店专用的协议表格，免费项目和非免费项目逐一填写清楚，并按店规作特别说明。

（5）协议签订后，销售人员根据客户的要求填写“美工制作单”，为避免失误，客户姓名须由客户亲自书写并留为存根，以备核对。“美工制作单”在宴会举办前10天送营销部经理签字后转交美工室，在宴会开始前5小时接收、核对。

（6）协议签订后，销售人员应根据客户的预订要求，填写“宴会预订单”，提前10天将“宴会预订单”打印成文，提前一个星期将文件送至相应部门，并让相关部门负责人在“宴会预订单”的背面签收作

（续）

为凭证，宴会结束后由预订处存档。 （7）发送“客房预订单”。销售人员应提前3天将“客房预订单”送总经理办公室签字后转送客房部，在宴会前一天向客房部确认房间号。若遇有总经理致信，应提前到总经理秘书处领取，当日交给客户。 （8）发放宴会菜单。宴会菜单应提前两天交由点菜人员抄写下来送至相应的厨房，抄单后若有人数、菜品变化，立即发“宴会菜单更改单”给点菜人员和楼层主管，提醒点菜人员在“每日预订一览表”注明“已抄”字样并签名。 （9）每周整理“周宴会一览表”，并送至各相关部门。 3．普通宴会 普通宴会的销售程序与大型宴会基本相同，只是在以下几个方面有所不同。 （1）4桌以上才发放“宴会预订单”。 （2）客户的特殊要求须在每日的“宴会预订单”上注明。 （3）客户临时变更宴会相关事项时，须及时通知相关人员，比如餐饮部经理、宴会厅经理、点菜人员等。 （4）根据客户的要求，4桌以上方可提供指示牌。 （5）须注明宴会性质，比如婚宴、寿宴等。 （6）接到普通宴会的预订后，销售人员应提前一天汇总接待清单，送至餐饮部经理处。		
签阅栏		签收人请注意：在此签字时，表示您同意下述两点。 1．本人保证严格按此文件要求执行。 2．本人有责任在发现问题时，第一时间向本文件审批人提出修改意见。

相关说明					
编制人员		审核人员		审批人员	
编制日期		审核日期		审批日期	

二、咨询接待服务标准

宴会销售组服务标准与服务规范文件		文件编号		版本	
标题	咨询接待服务标准	发放日期			

销售人员在接到客户有关宴会承接的咨询电话时，或在接待来店咨询的客户时，应遵循下列标准提供相应的服务。 1．接受电话咨询的服务标准 （1）主动、礼貌地向客户进行自我介绍，并报出酒店名称。

（续）

<table>
<tr><td colspan="6">（2）主动为客户介绍宴会标准、场所，并推销酒店的特色菜品。
（3）询问客户宴会预订标准，根据客户需求向客户推荐适合的宴会等级及标准。
（4）接受预订时，应问清预订单位、联系人姓名、联系电话、宴会日期与时间、参会人数、桌数、每桌消费标准等信息，并问清有无特殊要求、有无禁忌等，记录在“宴会预订单”上，并向客户复述一遍，问清付款方式。
（5）若是大型宴会，应告知预订方交付定金，并提前两天交付押金，及时通知相关接待部门做好接待准备。
（6）以最快的速度与客户商议、确定宴会菜单。
（7）若因客户要求标准过低而不能接受预订时，应婉转地向客户解释并致歉。
2. 上门咨询客户的接待标准
（1）对初次上门咨询预订宴会的客户，要主动交换名片，主动向客户介绍本店特色，若客户有要求，可陪同参观宴会场地。
（2）对再次上门预订宴会的客户，要主动征询对上次宴会的意见或建议。
（3）上门预订的具体服务标准同“接受电话咨询的服务标准”。
3. 落实预订的工作标准
（1）每日编制近两日的“宴会预订单”，送至餐饮部经理、厨师长以及宴会厅经理等相关人员。
（2）编制当日的“宴会报表”，分送餐饮部经理、厨师长以及宴会厅经理等相关人员。
（3）若是大型或重要宴会，除通知上述人员外，还应通知总经理办公室、客房部、前厅部、保安部及工程部。
（4）若客户提出要用音响设备等问题时，应提前 1 ~ 2 天通知工程部。
（5）对于大型或重要的宴会，客户提出停车需求时，应提前 1 ~ 2 天通知保安部。
（6）对于普通宴会，由销售人员与客户协商确定菜单，并通知餐饮部及厨房；对于重要宴会，则由营销部经理、餐饮部经理以及厨师长根据客户的意见共同研究确定菜单，并报总经理审批后执行。
（7）所有宴会菜单均由销售人员列印，并于宴会前 2 小时送至宴会厅经理。
（8）客户预付的宴会定金由前台收银员或餐厅收银员收取，并开具定金收据。</td></tr>
<tr><td>签阅栏</td><td></td><td colspan="4">签收人请注意：在此签字时，表示您同意下述两点。
1. 本人保证严格按此文件要求执行。
2. 本人有责任在发现问题时，第一时间向本文件审批人提出修改意见。</td></tr>
<tr><td>相关说明</td><td colspan="5"></td></tr>
<tr><td>编制人员</td><td></td><td>审核人员</td><td></td><td>审批人员</td><td></td></tr>
<tr><td>编制日期</td><td></td><td>审核日期</td><td></td><td>审批日期</td><td></td></tr>
</table>

三、宴会订单执行标准

<table>
<tr><td colspan="2">宴会销售组服务标准与服务规范文件</td><td>文件编号</td><td></td><td>版本</td><td></td></tr>
<tr><td>标题</td><td>宴会订单执行标准</td><td>发放日期</td><td colspan="3"></td></tr>
<tr><td colspan="6">1. 凡承接4桌以上的用餐预订，其菜单及其他要求必须交由客户签字确认，并提前发放“宴会预订单”。
2. 凡承接大型宴会（含婚宴），双方须详细谈妥服务项目（优惠条件、布置要求、菜单及特殊要求），并让客户签字确认。与客户签订协议书时要附上菜单，提前半个月发放“宴会预订单”。
3. 若遇有赠送客房，需在“宴会预订单”上附“客房预订单”，并送总经理室审批；若遇有赠送总经理致信，须提前到总经理秘书处取致信，并在宴会当日交于客户；若需美工协助，应附上“美工单”，经营销部经理签字后送至美工制作。
4. 凡会议预订用餐，必须附上台型的图形。若因特殊情况无法提供图形，销售人员应根据“宴会预订单”的要求画出草图，送至餐饮部。
5. 派单的形式如下。
（1）对当天承接的宴会，直接通知点菜人员下单给厨房各分部。
（2）日后举办的宴会，按如下操作。
① 呈送菜单。送至行政总厨，由其统一派单给厨房各分部。
② 安排楼面。送至餐饮部经理，由其统一安排工作。
③ 安排使用餐厅。送至中餐厅或西餐厅主管，由其统一安排工作。
6. 发放“宴会预订单”时，持留底的“宴会预订单”在背面让各收件部门签字作为凭证，宴会结束后由预订处存档，每月一存。
7. 若遇已下的“宴会预订单”有更改，必须及时派发更改通知。
8. 所有“宴会预订单”在发放之前，应由销售人员签字后方可送至各部门。
9. 每周必须整理、检查已经承接的“宴会一览表”，作出相应调整后送至各部门。</td></tr>
<tr><td>签阅栏</td><td></td><td colspan="4">签收人请注意：在此签字时，表示您同意下述两点。
1. 本人保证严格按此文件要求执行。
2. 本人有责任在发现问题时，第一时间向本文件审批人提出修改意见。</td></tr>
<tr><td>相关说明</td><td colspan="5"></td></tr>
<tr><td>编制人员</td><td></td><td>审核人员</td><td></td><td>审批人员</td><td></td></tr>
<tr><td>编制日期</td><td></td><td>审核日期</td><td></td><td>审批日期</td><td></td></tr>
</table>

第五节　宴会销售组服务常用文书与表单

一、销售拜访报告表

填表人：　　　　　　　　　　　　　　　　　　　　　　　日期：____年__月__日

项目	上午		下午	
单位				
地址				
电话				
传真				
联系人及职务				
现状概述				
消费前景及信息				
客户具体要求				
合作意向程序				
价格承受能力				
备注				

二、宴会厅报价表

时段 级别	08：30—12：00	13：00—16：30	18：10—21：00	08：30—16：30	08：30—22：00	宴会厅面积（平方米）
国际宴会厅						
大型宴会厅						
中型宴会厅						
普通宴会厅						
豪华包房						
普通包房						

三、月度宴会预订单

日期	时间	地点	主办单位	重要客人	人数	用餐标准	酒水标准	变更情况	联系人	联系方式	备注

四、宴会订餐合同书

宴会订餐合同书

一、合同书

订餐人（甲方）： 酒店营销部代表（乙方）：

<table>
<tr><td rowspan="6">主要订餐事项</td><td>用餐时间</td><td colspan="2">___年___月___日___时___分</td><td>用餐类型</td><td colspan="2">□婚宴□商务餐□年夜饭□其他</td></tr>
<tr><td>用餐位置（桌号、包间名）</td><td></td><td>用餐方式</td><td colspan="3">□桌餐：桌数___ 备用桌数___ 每桌人数___
□自助餐：人数___ 机动比例___</td></tr>
<tr><td>菜品（见附件）</td><td colspan="5">热菜___道、主食___道、点心___道、汤羹___道、凉菜___道、其他___</td></tr>
<tr><td rowspan="2">酒　水</td><td colspan="3">□甲方自带___</td><td rowspan="2">违约金标准</td><td rowspan="2"></td></tr>
<tr><td colspan="3">□乙方提供___</td></tr>
<tr><td>其他收费服务及收费标准</td><td colspan="2"></td><td>赠送的商品或服务</td><td colspan="2"></td></tr>
<tr><td rowspan="4">餐费支付</td><td>概算价款</td><td colspan="5">每□桌 / □人：___元，总计：___元（不含酒水）</td></tr>
<tr><td rowspan="2">餐费预付</td><td>定金</td><td colspan="2">___元（不超过概算总价款 20%）</td><td>预付款</td><td>___元</td></tr>
<tr><td colspan="5">定金或预付款凭收据作为结算依据</td></tr>
<tr><td>结算方式</td><td colspan="5">□现金□支票□信用卡□银行转账□其他（请注明）___</td></tr>
<tr><td rowspan="2">事项变更与合同解除</td><td>主要订餐事项变更</td><td colspan="5">1. 一方需变更主要订餐事项的，应当提前___日（不含本日）通知对方，并以双方认可的方式达成变更协议。
2. 用餐桌数或人数少于合同约定，并且甲方未按照约定提前通知乙方的，解决办法为：___</td></tr>
<tr><td>合同解除</td><td colspan="5">1. 甲方于用餐前解除合同，应当提前___日（不含本日）通知乙方，否则：
□无权收回定金　　□支付概算总价款___% 的违约金
2. 乙方于用餐前解除合同，应当提前___日（不含本日）通知甲方，否则：
□双倍返还定金　　□支付概算总价款___% 的违约金</td></tr>
</table>

（续）

其他约定	
请在签字前充分了解本合同有关事宜，认真填写表格内容，仔细阅读并认可合同条款	
订餐人（甲方）签章	酒店营销部代表（乙方）盖章
联系地址：________________	联系地址：________________
联系人：________联系电话：________	联系人：________联系电话：________
合同签订日期：____年__月__日	

二、合同条款

1．甲方主要权利和义务

（1）按照合同约定的时间、位置文明用餐，遵守公共秩序，尊重社会公德。携带的物品应当自行妥善保管或交由乙方代为保管。

（2）据实结算各项费用，并在餐后即时将未结余款一次性支付给乙方。若造成乙方设施、设备、餐具等损坏的，甲方应当在结算时一并赔偿。

（3）若需在乙方经营场所内开展布展等活动的，应当事先征得乙方同意。

2．乙方主要权利和义务

（1）按照合同约定向甲方提供菜品、酒水及服务，严格执行国家及当地的有关规定，并保证食品及用餐环境的卫生和安全。

（2）对于被批准的甲方布展等活动，乙方应当提供便利条件。

（3）除双方约定的费用外，乙方不得收取任何其他费用。

3．双方责任

（1）甲方未按照合同约定前来用餐，应当赔偿由此给乙方造成的损失。

（2）甲方未经允许在乙方经营场所内擅自开展布展等活动的，应当及时清除，给乙方造成损失的，甲方应当承担赔偿责任。

（3）乙方提供的菜品、酒水、服务不符合合同约定的，应当赔偿由此给甲方造成的损失。

（4）变更主要订餐事项而未按照合同约定提前通知对方，或未征得对方同意的，应当赔偿由此给对方造成的损失。

4．不可抗力和意外事件

因发生重大疫情、自然灾害等不可抗力或临时停电等不可预知的突发事件的，经核实可全部或部分免除责任，但应当及时通知对方，并在合理期限内提供证明。

5．争议解决方式

对于本合同项下发生的争议，双方应当协商解决或向消费者协会等有关部门申请调解解决；协商、调解解决不成的，可向有管辖权的人民法院起诉，或按照双方另行达成的仲裁协议申请仲裁。

6．其他相关事宜

未尽事宜，双方应当协商解决。本合同一式两份，双方各执一份。本合同在双方签字盖章后生效。

五、宴会预订登记表

预订单位	宴会日期	用餐标准	桌数	人数	定金	联系电话	经办人	备注

六、宴会预订确认单

宴会举办单位名称		宴会日期	
宴会名称		宴会类别	
宴会地点		人数	
桌数		每人标准	
订金		付款方式	
预订人姓名		联系电话	
预订日期		预订办理人员姓名	
备　注			

七、自助餐会确认书

自助餐会确认书

______先生 / 女士：

首先非常感谢您能选择本酒店作为举办自助餐会的宴请场所，我方为此作出如下安排。

一、自助餐会举办日期

____年__月__日（星期____）。

二、自助餐会具体时间

____时____分。

三、自助餐会地点

______________________________。

四、参加人数

约____人。

（续）

五、自助餐会收费

我方将派员工为您提供最出色的服务，请及时将确认人数及时间通知我方，我方将按您最后提供的人数收取费用（少于确认人数按确认人数结算，超出则按实际人数结算）。

1．菜单。自助餐菜单已定标准为____元 / 人。

2．酒水。在菜单价格中不包括酒水。

3．价格。除收费价格外，另收____% 的服务费。

4．设备。接待桌____个，麦克风____个，横幅____条，指路牌____个，设备为有偿服务。

5．鲜花布置。自助餐桌上由我方免费提供____个花插，主桌提供____个大圆台花。

6．司机餐费。____元 / 每位。

六、自助餐会取消规定

取消自助餐会至少要在自助餐会举办日期的两天前通知我方，否则将收取食品、租金费用的50%。

七、付账方式

所有费用将于宴会结束时收取，请注明付账方式。

☐ 现金　　☐ 支票

我方希望以上安排符合您的要求，如果您同意上述安排，请完成以下事项。

1．最迟于____年__月__日__时之前通知确认。

2．请签字后将复印件返给我方，以示确认。

客户签字

____

非常感谢您对本酒店的信任，相信这次自助餐会一定会举办得非常成功！

酒店营销部宴会销售组

____年__月__日

八、宴会订席合约书

<table>
<tr><th colspan="4">宴会订席合约书</th></tr>
<tr><td colspan="2">合同编号</td><td colspan="2"></td><td>宴会名称</td><td></td></tr>
<tr><td colspan="2">宴会日期</td><td colspan="2"></td><td>宴会地点</td><td></td></tr>
<tr><td colspan="2">宴会联系人</td><td colspan="2"></td><td>联系方式</td><td></td></tr>
<tr><td colspan="4">器　材</td><td colspan="2" rowspan="3">若要求使用特定厅房，依厅别限定最低消费金额，消费金额指餐费，不含饮料及 5% 服务费。</td></tr>
<tr><td>投影机</td><td>____台</td><td>幻灯机</td><td>____台</td></tr>
<tr><td>电视机</td><td>____台</td><td>录像机</td><td>____台</td></tr>
</table>

（续）

<table>
<tr><td>单枪投影机</td><td>____台</td><td>屏幕</td><td>____台</td><td>餐费 +5% 服务费（每桌 / 每位）</td></tr>
<tr><td colspan="4">其他：</td><td>饮料：☐ 大宗酒席计价
☐ 一般酒席计价
☐ 啤酒
☐ 绿茶
☐ 可乐
☐ 其他饮料</td></tr>
<tr><td colspan="5">宴会摆设及相关事项说明：</td></tr>
<tr><td colspan="5">合约约定事项：
1. 宴会的确认桌（人）数应于宴会举行日的一星期前予以确认，确认的桌（人）数不得低于之前确认的保证桌（人）数。
2. 宴会结束后，若实际用餐的桌（人）数未达到确认桌（人）数，我方仍按照确认的桌（人）数收费。未消费的桌（人）数，客户可以于两周内补消费，若未消费桌（人）数超出确认桌（人）数的 1/10，超出的桌（人）数必须半价补偿，不得补消费。
3. 凡是喜宴账款，请于宴会结束当天以现金或支票的形式付清。
4. 若因故取消订席，我方之前收取的定金不予退回，若于宴会举行日前一星期取消订席，客户应补偿我方的损失（原则上补偿消费额的一半）。
5. 各种类型的宴会均严禁携带外食，自备酒类则要酌情收取开瓶费。
6. 喜宴请自备喜糖（请勿携带瓜子）、签名簿、礼金薄等。
7. 布置花卉时，请将塑料布铺设于地毯上，以防水渍及花卉的泥土弄脏地毯。
8. 不得在宴会地点燃放爆竹等易燃物，不得喷洒金粉、亮片等吸尘器无法清除的物品。
9. 布置会场时，严禁使用钉枪、双面胶、图钉、螺丝等任何可能会破坏宴会地点装潢和设备的物品。活动结束后应保持宴会地点的完整，若损坏本酒店的装潢和设施，贵方应负责赔偿。
10. 因活动需要所运来的各项器材以及物品，我方仅提供场地存放，恕不负责看管。
11. 宴会所需要的电器设备，请事先协商安装事项。电费依据现场实际情况及用电量收取，宴会前进场布置及电路配置请于两周前告知，以便我方配合。</td></tr>
<tr><td colspan="5">定金金额：　☐ 现金　☐ 汇款　☐ 刷卡　☐ 支票
宴会付款方式：☐ 现金　☐ 签账　☐ 刷卡　☐ 支票
客户签名：________　宴席销售专员：________　出纳：________　总出纳：________</td></tr>
</table>

（续）

备注： 第一联（白）：宴会销售组留存； 第二联（黄）：客户留存； 第三联（绿）：前厅留存； 第四联（蓝）：出纳留存； 第五联（红）：总出纳留存。

九、宴会意见调查函

宴会意见调查函

亲爱的客户：

感激您使用本酒店国际宴会厅，希望我们的各项设施和服务确实让您感到满意。现在占用您1分钟时间，我们很想知道您对本酒店宴会厅的满意程度，因为您珍贵的意见将是我们改进的目标。

客户姓名：________________ 公司名称：________________

联络电话：________________ 联络地址：________________

宴会日期：________________ 宴会类型：________________

1. 对我们的评价请在“□”处打√

订席接待：□ 十分满意 □ 满意 □ 不满意

服务品质：□ 十分满意 □ 满意 □ 不满意

服务态度：□ 十分满意 □ 满意 □ 不满意

食物品质：□ 十分满意 □ 满意 □ 不满意

场地设施：□ 十分满意 □ 满意 □ 不满意

整体满意度：□ 十分满意 □ 满意 □ 不满意

其他建议：________________

2. 您是否会再度光临，或将本宴会介绍给您的亲友

□ 十分乐意 □ 可以考虑 □ 不会

感谢您的批评与指教，我们竭诚欢迎您再度光临！

第六节 宴会销售组服务质量提升方案

一、宴会销售服务方案

标题	宴会销售服务方案		文件编号		版本	
执行部门		监督部门		考证部门		

一、目的

为了规范宴会销售人员在销售过程中的服务行为，提升其服务水平，特制定本方案。

二、适用范围

本方案适用于酒店所有宴会销售人员。

三、会前服务

1．做好宴会促销工作，销售人员应注意以下三个方面的问题。

（1）了解和熟悉酒店的设备、设施与内部运行程序，具有良好的沟通能力，能够正确地使用酒店授予的权利，灵活地运用谈判技巧。销售洽谈时要有诚意和耐心。

（2）当客户将本酒店与其他酒店进行比较时，要善于倾听和理解，然后婉转、得体地介绍本酒店的特点和以往成功举行宴会的情况，增进客户的了解和信任。

（3）要极力避免价格成为对方选择的第一条件，多介绍酒店的服务质量和产品特色，让客户感到酒店是把服务放在第一位，盈利放在第二位的。只有在客户相信酒店能提供优质服务的基础上，才有合理的价格可谈。

2．主动协助宴会的准备与组织，这是销售人员主动提供的延伸服务，主要包括以下两个方面。

（1）对重要赴宴人员接送、住宿方面的要求以及休闲娱乐活动的安排等，应积极、主动地提供参考意见。

（2）协助宴会组织者周密地做好前期的准备工作，在客户的心目中留下良好的第一印象。

3．认真落实服务承诺。

（1）销售洽谈中关于宴会服务的所有安排和要求，均要以“预订书”或“协议书”为准。

（2）在“预订书”要明确宴会的各项要求，任何修改和调整都必须通过双方协商予以确认。

（3）对客户的承诺，销售人员必须详细记录，制定具体的“宴会接待计划书”，每项承诺如何兑现、何时完成，均要落实到人。

四、会中服务

1．宴会期间，营销部应有专人负责与宴会组织者联络、沟通，及时跟进，确保服务的统一指挥和协调。

（续）

2. 负责协调的销售人员要以高度的责任心和组织能力，及时、高效地处理客户随时提出的紧急需求，不能敷衍推诿，保证宴会的正常进行。 3. 组织各种形式的留念活动。特别是一些大型、重要宴会的参与者，往往会把承办的场所作为个人一次美好经历的见证，酒店应借此机会把工作做到位，比如来宾签到、拍照留念，赠送酒店纪念品，促使参与者成为酒店的潜在客户。 五、会后服务 1. 服务善始善终。宴会结束后，销售人员的服务并没有结束。即使客户撤离，但个别未离开的赴宴者仍是销售人员的服务对象。 2. 重视总结提高。 （1）每位赴宴者都可能是下次宴会的组织者或决策者。因此，销售人员要注意收集举办本次宴会的有关信息，为下次宴会的承办打下基础。 （2）把资料归类、分析、整理并存档，从中发现问题、找出原因、总结经验，从而提高宴会的服务质量。 3. 搞好跟踪回访。定期或不定期地向宴会组织者和赴宴者寄送酒店的有关信息和资料，并进行定期销售回访，联络感情，使对方感到自己是酒店的贵宾，从而成为酒店忠诚的客户。	
相关说明	

二、销售人员电话回访方案

标　　题	销售人员电话回访方案		文件编号		版本	
执行部门		监督部门		考证部门		
一、目的 为了提高销售人员对已来店消费的宴会客户的电话回访技巧，通过电话回访提高客户对酒店的忠诚度，特制定本方案。 二、适用范围 本方案适用于宴会销售人员对已来店消费的宴会客户的电话回访。 三、确定电话回访的主要内容 销售人员对宴会客户进行电话回访之前，要先确定电话回访的主要内容。通常情况下，电话回访的主要内容包括以下两个方面。 1. 了解客户对酒店宴会产品和服务的感受，以及酒店在此方面需要改进的建议。 2. 了解客户有无新的消费需求，若客户有新的消费需求，可以向他们推荐本酒店的产品或服务。 四、掌握电话回访的程序 1. 搜集信息。在进行电话回访前，销售人员要搜集相关的客户资料（比如客户的基本信息、在本店的消费记录等），以便有针对性地提出回访问题。						

（续）

2. 调整情绪。在进行电话回访前，销售人员要调整一下自己的情绪，让自己的情绪处于最佳状态，避免出现因自己情绪低落而影响回访效率的现象发生。 3. 确认电话号码。在拨打客户的电话号码时，要再一次确认客户的电话号码，以免拨错号码。 4. 拨打电话。在前面三项准备工作都做好的情况下，销售人员可以拨打电话，正式开始进行电话回访。 5. 记录回访内容。在电话回访过程中，销售人员要记录客户的有用回访信息（比如宴会产品和服务改进建议、价格调整建议等）。 6. 致谢。在电话回访结束时，销售人员要对客户表示感谢，感谢他们能抽出时间来接受回访并提出改进意见。 五、了解不同客户的回访策略 对于不同的客户，销售人员要注意使用不同的回访策略，主要有以下三种策略。 1. 忠诚客户，主要是指对酒店的菜品与服务持肯定态度，经常在酒店消费并积极向周围的人进行良性宣传的客户。在对这类客户进行电话回访时，宴会销售人员应首先礼貌问候并表示感谢，然后加大对酒店宴会新品以及活动信息的宣传力度，以便进一步促进销售。 2. 不稳定客户，主要是指具有一定的消费能力，但并不在一个固定酒店进行消费的客户。在对这类客户进行电话回访时，应侧重于让客户感受到酒店对其的重视，用真情打动客户，增加其消费意向，使其成为酒店的忠诚客户。 3. 意见客户，主要是指因种种原因而对酒店宴会产品和服务持不认同态度，但很有消费潜力的客户。在对这类客户进行电话回访时，销售人员应认真倾听客户对宴会产品和服务的抱怨，然后向客户道歉，并向其保证下次来店消费时不会发生同类问题，最后邀请客户再次来本店消费。
相关说明

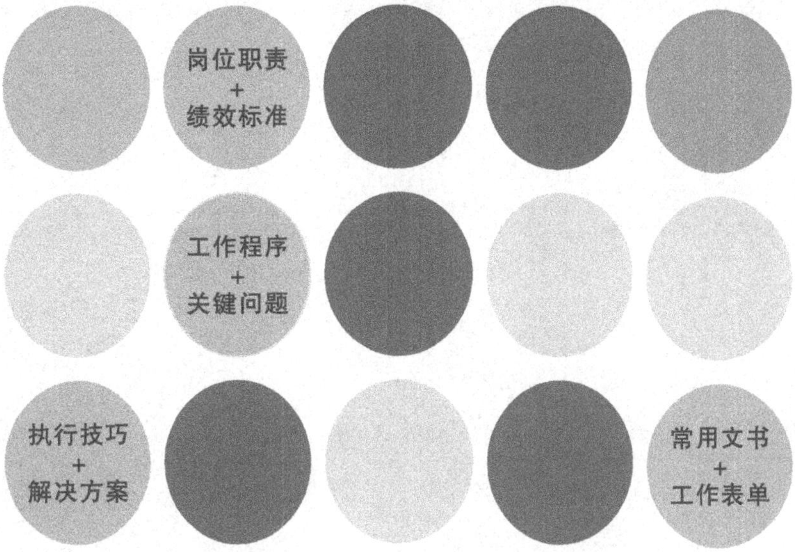

第七章

预订业务组精细化管理

第一节　预订业务组岗位描述

一、预订业务组岗位设置

预订业务组岗位设置	人员编制
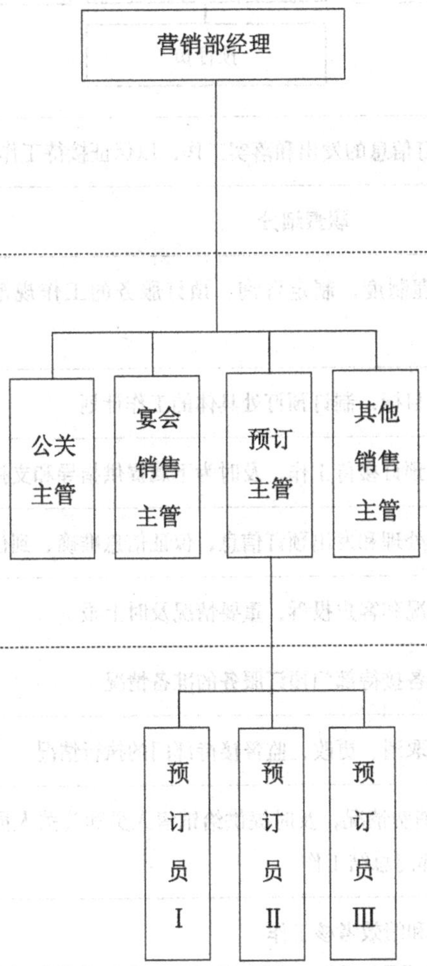	经理级____人 主管级____人 专员级____人
相关说明	

二、预订主管岗位职责

<table>
<tr><td>岗位名称</td><td>预订主管</td><td>所属部门</td><td>营销部</td><td>编　　号</td><td></td></tr>
<tr><td>直属上级</td><td>营销部经理</td><td>直属下级</td><td>预订员</td><td>晋升方向</td><td></td></tr>
<tr><td>所处管理位置</td><td colspan="5">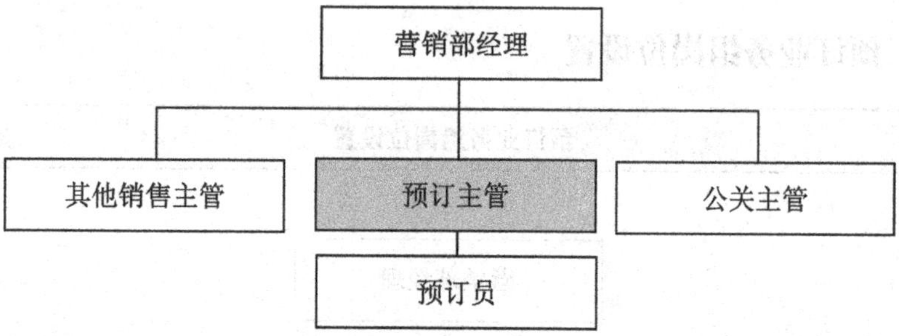
</td></tr>
<tr><td>职责概述</td><td colspan="5">全面负责营销部门预订信息的发出和落实工作，以保证接待工作准确、圆满地完成</td></tr>
<tr><td>职　　责</td><td colspan="4">职责细分</td><td>职责类别</td></tr>
<tr><td rowspan="2">1. 制订预订工作规范、计划</td><td colspan="4">（1）健全预订处管理制度，制定咨询、预订服务的工作规范及程序</td><td>特殊工作</td></tr>
<tr><td colspan="4">（2）明确预订处工作目标，制订预订处具体的工作计划</td><td>周期性</td></tr>
<tr><td rowspan="3">2. 组织开展预订服务</td><td colspan="4">（1）监督预订员日常预订接待工作，及时为下属提供指导和支持</td><td>日常性</td></tr>
<tr><td colspan="4">（2）监督预订员及时处理和发出预订信息，保证信息准确、到位</td><td>日常性</td></tr>
<tr><td colspan="4">（3）处理预订异常情况和客户投诉，重要情况及时上报</td><td>日常性</td></tr>
<tr><td rowspan="2">3. 督办预订准备工作</td><td colspan="4">（1）按规定及时检查各接待部门预订服务的准备情况</td><td>日常性</td></tr>
<tr><td colspan="4">（2）落实预订信息的取消、更改，监督接待部门的执行情况</td><td>日常性</td></tr>
<tr><td>4. 信息统计分析</td><td colspan="4">统计分析客户预订、消费情况，及时提供给销售人员和公关人员，协助营销部经理做好部门总结工作</td><td>周期性</td></tr>
<tr><td rowspan="2">5. 其他工作</td><td colspan="4">（1）参与下属的培训和绩效考核工作</td><td>日常性</td></tr>
<tr><td colspan="4">（2）完成上级交办的其他工作</td><td>特殊工作</td></tr>
</table>

三、预订员岗位职责

<table>
<tr><td>岗位名称</td><td>预订员</td><td>所属部门</td><td>营销部</td><td>编　　号</td><td></td></tr>
<tr><td>直属上级</td><td>预订主管</td><td>直属下级</td><td></td><td>晋升方向</td><td></td></tr>
<tr><td>所处管理位置</td><td colspan="5">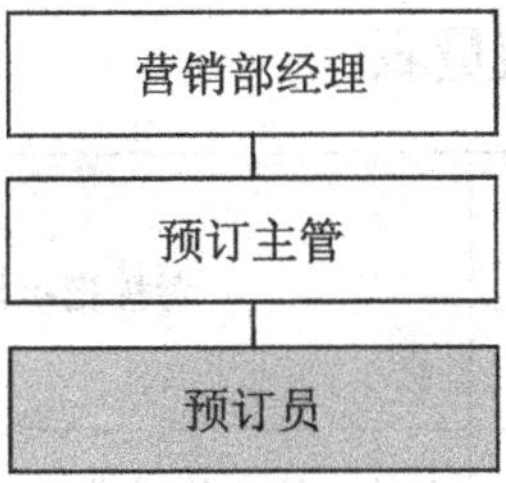
</td></tr>
<tr><td>职责概述</td><td colspan="5">将接受的预订发送至酒店各部门，并监督落实，保证预订及接待工作的准确、到位</td></tr>
<tr><td>职　　责</td><td colspan="4">职责细分</td><td>职责类别</td></tr>
<tr><td>1. 接受客户咨询</td><td colspan="4">接听电话，解答客户咨询，若涉及需要签约的销售业务，将电话转接给相关销售人员（销售人员不在时，负责留言）</td><td>日常性</td></tr>
<tr><td rowspan="3">2. 处理预订信息</td><td colspan="4">（1）接受销售部签约客户、熟客、散客从各种渠道（现场、电话、网络）发来的预订信息，填写“预订单”，落实各项预订服务</td><td>日常性</td></tr>
<tr><td colspan="4">（2）处理销售人员合同订单中的会议、活动、宴会预订，与酒店各部门协调，落实客户的各项预订服务</td><td>日常性</td></tr>
<tr><td colspan="4">（3）将营销部发出的督办表、更改单、备忘录分送至相关部门，监督、检查预订工作的准备情况</td><td>日常性</td></tr>
<tr><td>3. 资料整理</td><td colspan="4">整理预订处的客户资料、预订信息，并做到分类存档，统一保管</td><td>日常性</td></tr>
<tr><td rowspan="2">4. 其他工作</td><td colspan="4">（1）统计、整理各类信息并及时归档，按要求为营销工作提供信息</td><td>周期性</td></tr>
<tr><td colspan="4">（2）按月提交预订处团队、会议、宴会等预订信息统计报表</td><td>周期性</td></tr>
</table>

第二节　预订业务组岗位考核量表

一、预订主管绩效考核量表

序号	考核内容	考核指标及目标值	考核实施	
			考 核 人	考核结果
1	监管预订信息处理工作	文件、信息传递及时、到位		
		预订信息及服务要求落实差错率为 0		
2	统计、分析客情的史实资料及变动趋势	统计数据准确率达到____% 以上		
		统计分析报告提交及时率达到 100%		
3	处理预订异常情况	预订异常情况及时处理		
		重大客户投诉或预订事故发生率控制为 0		
4	内部协调工作	部门协调满意度评分不低于____分		

二、预订员绩效考核量表

序号	考核内容	考核指标及目标值	考核实施	
			考 核 人	考核结果
1	接受并处理预订信息	预订信息记录、处理的差错率控制为 0		
2	发出预订变更通知	预订变更通知单、备忘录、更改单文件的下发及时、到位		
3	督促预订落实工作	及时提醒和检查各部门的接待准备工作		
4	整理信息资料	预订处各类信息资料归档及时率达到 100%		

第三节　预订业务组工作程序与关键问题

一、预订信息处理程序与关键问题

预订信息处理程序

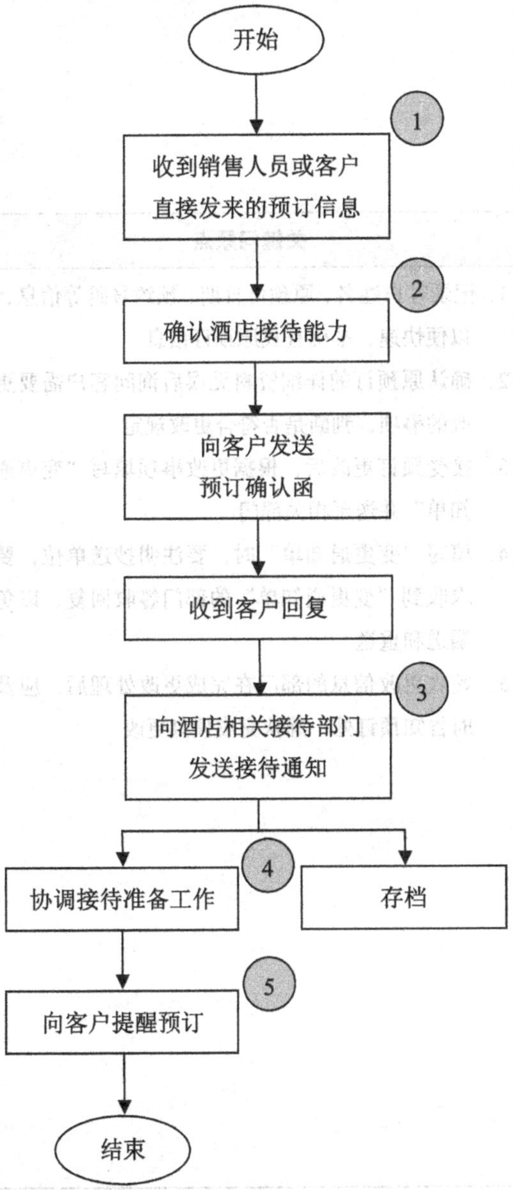

工作目标

1. 保证预订信息传递的及时、到位
2. 保证接待工作落实的准确、高效

关键问题点

1. 接受销售人员（客户）发来的客户预订信息，与销售人员核对预订的时间、数量、规格、内容等信息
2. 确认酒店接待能力时，需要从以下三个方面考虑
（1）了解酒店餐厅、客房、会议室的状态，确认能否满足客户的预订
（2）若酒店餐厅、客房、会议室能够满足客户的需求，应立即向客户发送预订确认函
（3）若酒店餐厅、客房、会议室不能满足客户的需求，应告知销售人员与客户协商
3. 在接到客户预订回复后，根据客户的预订内容，向相关接待部门发送接待通知
4. 确定各接待部门接待准备工作的落实情况，保证预订信息传达的及时、到位，保证接待准备工作的准确、高效
5. 按酒店的规定，提前一天致电提醒客户，表示酒店已经准备就绪，静候客户的光临

二、预订信息更改程序与关键问题

<table>
<tr><th>预订信息更改程序</th><th>工作目标</th></tr>
<tr><td rowspan="3">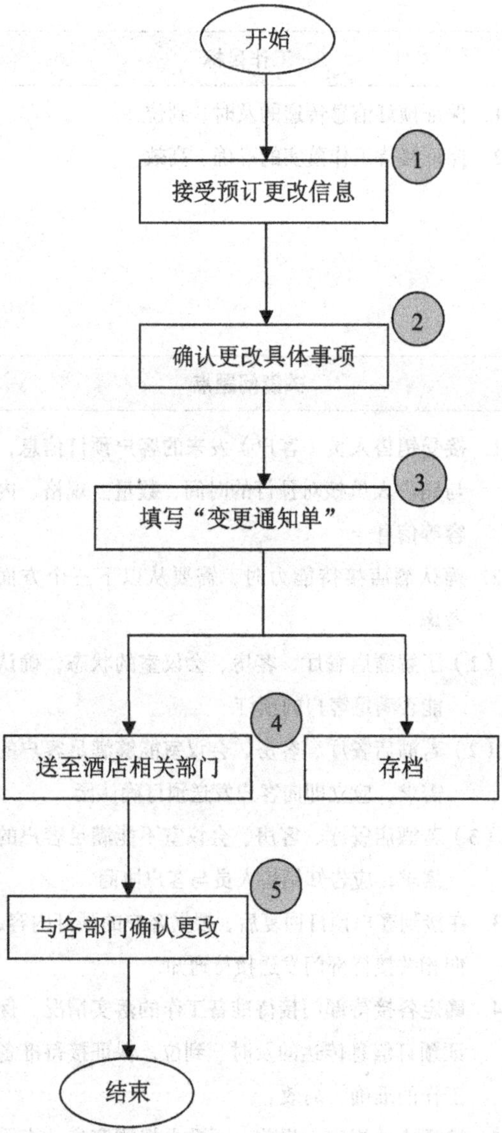
</td><td>1. 保证更改信息传递的及时、准确
2. 保证酒店利益不受损害</td></tr>
<tr><th>关键问题点</th></tr>
<tr><td>1. 记录客户姓名、原预订日期、预约号码等信息，以便快速、准确查找原预订信息
2. 确认原预订的详细资料无误后询问客户需要更改的事项，判断是否符合更改规定
3. 接受预订更改后，根据更改事项填写“变更通知单”并送至相关部门
4. 填写“变更通知单”时，要注明抄送单位，要求收到“变更通知单”的部门签收回复，以免漏送和重送
5. 签收更改信息的部门在完成更改处理后，应及时告知预订处，确认完成预订更改</td></tr>
</table>

三、超额预订处理程序与关键问题

超额预订处理程序	工作目标
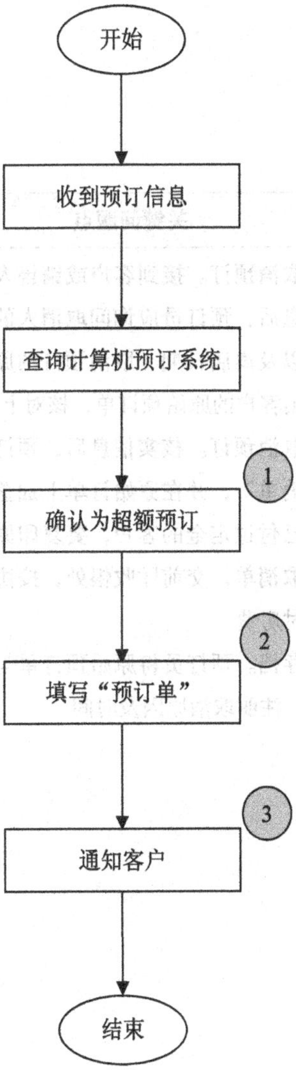	及时、妥善处理酒店的超额预订情况
	关键问题点
	1．确认超额预订。预订员应查询酒店预订系统，若房价预订超额则不再接受客户的预订；若客户坚持要预订，应向客户解释，告知该期间该房型预订已满，并向客户介绍其他房型或建议客户调整住宿时间 2．填写“预订单”。若客户坚持预订该房型，预订员应告知客户将被放入酒店的预订等候名单中，待该项预订可以接受时，再通知客户。若客户同意，则按照散客预订程序填写预订单，并在预订单上标记为“等候预订”，留下客户的联系方式 3．通知客户。若酒店入住情况发生变化，可以接受预订时，预订员要及时通知等候预订的客户；若酒店仍无法接受预订，则需要提前告知等候预订的客户，以便他们再作其他安排

四、取消预订处理程序与关键问题

取消预订处理程序	工作目标
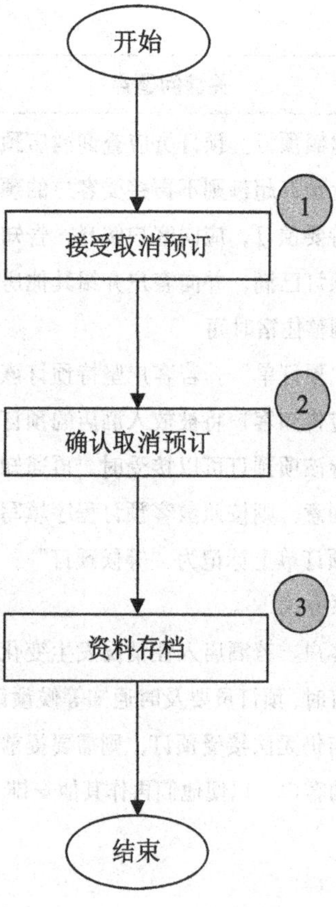	保证及时取消预订的信息，避免酒店出现过高的空房率 **关键问题点** 1．接受取消预订。接到客户或销售人员取消预订的信息后，预订员应询问取消人的姓名、到达日期以及离店日期、取消预订的原因等信息，并找出客户的原始预订单，核对上述信息 2．确认取消预订。核实信息后，预订员填写“预订取消单”，并在原始订单上加盖取消公章。对于已付过定金的客户，要复印原始预订单和预订取消单，交前厅收银处，按协议退还定金或预付房费 3．资料存档。预订员将原始预订单与取消预订单存档，注明取消原因及时间

五、预订信息归档程序与关键问题

预订信息归档程序

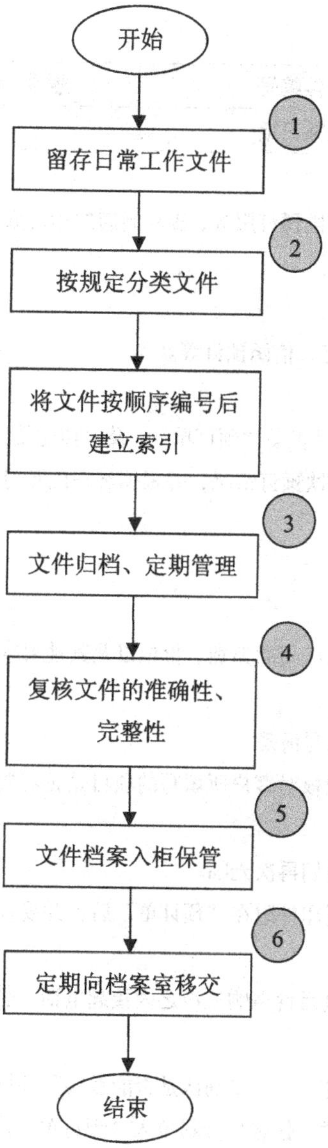

工作目标

1. 保证各类文件、资料的分类正确，归类有序
2. 保证查阅的方便、快捷
3. 保证资料的完整、有效

关键问题点

1. 将接受或发送的预订文件、日常工作搜集到的有关商业信息，留存或备份
2. 将留存的文件、资料，按照规定分类（按用途分类、按性质分类、按重要程度分类），将分类后的信息按顺序编号并建立索引
3. 文件归档、定期管理主要包括以下三项内容

（1）将编好号的文件、资料归档

（2）新资料归档时，记录要整齐、清楚

（3）定期清理过时和无用的资料

4. 检查、核对档案时，要注意有关资料，特别是各种数据来源的准确性和完整性
5. 所有档案都应放入专用的资料柜内，对于需要保密的档案，资料柜要上锁，在保管过程中注意防霉、防蛀
6. 每月将所有档案进行整理，过时的和不涉及下月使用的档案装订成册后，移交档案室保管

第四节　预订业务组服务标准与服务规范

一、酒店预订工作规范

预订业务组服务标准与服务规范文件		文件编号		版本	
标题	酒店预订工作规范	发放日期			

1．目的

为了规范酒店预订服务流程，保证准确、及时地为客户提供预订服务，提高酒店的预订服务质量，达到最佳经济效益，特制定本规范。

2．适用范围

本规范适用于各种形式的预订，比如到店预订、电话预订、信函预订等。

3．岗位职责

（1）酒店营销部预订处负责接受客户各种形式的预订，并汇总“预订单”，及时传递给其他部门。

（2）客房部、餐饮部认真配合，及时提供房间信息和餐饮预订情况，并根据客户的预订内容做好接待准备。

4．到店预订工作规范

（1）客户到店，预订员应主动、热情地与客户打招呼。

（2）预订员应先查看客户所持证件，询问客户想要预订房间的类别、价位以及其他要求等，并查看“预订单”以确认是否能够接受预订。

（3）礼貌地请客户填写“预订单”，并要求客户逐项填写清楚。

（4）客户填好“预订单”后，预订员要仔细检查，逐项核对客户所填写的项目是否需要补充或有不清楚的地方。

（5）预订完毕后，预订员要向客户表示感谢，并欢迎他们再次光临。

（6）客户离开后，预订员要及时将客户的有效证件的复印件附在“预订单”后，并妥善保管好。

5．电话预订工作规范

（1）预订员接到预订电话后，必须热情、礼貌，并在电话铃声响三声之内接起电话，告知对方这是“××酒店预订处”。

（2）预订员需要认真倾听客户讲话，并立即查阅“预订单”，以确认是否能够接受预订。

（3）接受预订后，预订员要先将客户的预订信息以及预入住客户资料填入“预订单”内，若不能接受预订，应询问客户是否可以列为候补，然后依照“预订单”的信息，填写“候补预订单”。

（4）接受预订时，预订员要仔细询问客户的预订项目，并及时填写“预订单”。

（续）

<table>
<tr><td colspan="6">

①客户姓名、国籍、证件号码、联系方式。
②抵离酒店的具体时间。
③需要的房间数、房间类型以及房价。
④预订房间的保留期限，是否用信用卡或预订定金确保房间。
（5）复述上面的内容，跟客户核对信息。
6．传真、信函预订工作规范
（1）预订员收到客户或旅行社的传真、信函要求预订时，要清楚客户的传真或信函内容、具体要求等。
（2）把客户的要求写在“预订单”上。
（3）及时向预订人了解费用的支付方式。
（4）如果客户资料不详细，预订员要按照传真或信函上的地址、电话号码与客户核对。
</td></tr>
<tr><td>签阅栏</td><td></td><td colspan="4">签收人请注意：在此签字时，表示您同意下述两点。
1．本人保证严格按此文件要求执行。
2．本人有责任在发现问题时，第一时间向本文件审批人提出修改意见。</td></tr>
<tr><td>相关说明</td><td colspan="5"></td></tr>
<tr><td>编制人员</td><td></td><td>审核人员</td><td></td><td>审批人员</td><td></td></tr>
<tr><td>编制日期</td><td></td><td>审核日期</td><td></td><td>审批日期</td><td></td></tr>
</table>

二、客房预订服务标准

<table>
<tr><td colspan="2">预订业务组服务标准与服务规范文件</td><td>文件编号</td><td></td><td>版本</td><td></td></tr>
<tr><td>标题</td><td>客房预订服务标准</td><td>发放日期</td><td colspan="3"></td></tr>
<tr><td colspan="6">

1．目的
为指导预订员做好客房的预订服务工作，提高预订信息处理的准确率，特制定本标准。
2．适用范围
本标准主要适用于预订员在接受客户预订、谢绝客户预订、接受预订变更这三项服务。
3．接受预订服务标准
（1）询问客户所需房间的种类、数量和抵离酒店日期。
（2）查阅预订记录，了解房间可出租状况。
（3）若有空房，应询问客户的姓名、性别、国籍、具体抵离日期、交通工具、付款方式、单位、电话及传真号码，是否要求预订车辆、接站（说明收费标准，并询问具体到达时间），说明房间保留时间，填写“客房预订单”并签名。填写“客房预订单”时，注意字迹清晰、填写项目完整；若有合同，还应将公司名称及合同号注明在“客房预订单”上。
</td></tr>
</table>

（续）

（4）如果没有客户要求的房型，建议客户选择其他房型或帮做候补订房。

（5）根据需要，向客户发出书面确认。

（6）凡有接站要求的，应将客户提供的航班号（车次）、抵港（站）时间、住店者的姓名、人数及公司名称详细资料与订房信息一同填入“客房预订单”。

（7）将确认的“客房预订单”一联交与前厅部，另一联同确认传真放入当天的订房活页夹内。

（8）书面对外报价或确认订房必须使用酒店规定的格式，准确无误方可发送。

（9）每日接受的订房，要在当天全部输入计算机。

4．谢绝预订服务标准

（1）在客户预订要求无法满足时，预订员应建议选择其他房间种类，更改抵离日期或做候补预订，必要时可根据授权或经请示上级主动提供房间免费升级。

（2）在核实酒店确定无空房，订房均已确认，预订时间内也无客户提前离店的情况下，方可谢绝预订。谢绝预订时，预订员应感谢客户预订，并简要说明因酒店客满确实无空房提供，建议客户更改抵达日期，若不能更改，建议做候补预订登记，即一旦有取消或提前退房，酒店会立即通知订房人。

（3）若为电话预订，预订员要立即作上述表示；若为本人进店洽谈，除作上述表示外，预订员还应礼貌地送别客户；若为函件预订，预订员应于30分钟内回复客户，并作上述表示。无论是口头谢绝还是函件谢绝客户预订，预订员都要热情礼貌，措辞恳切，给客户留下良好的印象。若有必要，可向客户提供其他可供选择的酒店的电话或传真号码。

（4）若客户接受更改预订建议，应按一般的预订程序操作；若客户接受候补预订建议，应向客户说明如果酒店一直未给予通知，则候补预订不予保证，同时填写“客房预订单”，加盖“候补预订”印章，并输入计算机。

（5）当可能接受候补订房时，应立即通知订房人予以确认。

5．预订变更服务标准

（1）更改预订。

① 询问客户姓名、原预订入住日期。

② 在计算机中查找原订房资料。

③ 确认原预订的详细资料无误后，询问客户需要更改的事项，根据客房出租情况，决定是否接受更改。

④ 若房间状况允许更改，应将客户姓名、联系电话、更改事项记录在“客房预订变更单”上，并按客户的要求予以书面确认。

⑤ 若更改涉及接站、餐饮安排等特殊要求，要将详细更改信息书面通知前厅部礼宾人员和餐饮部有关人员。

⑥ 将原“客房预订单”和新的“客房预订变更单”一起装订，按更改后的入住日期归档。

（2）取消预订。

① 询问客户姓名、原预订入住日期。

（续）

② 在计算机中查找原订房资料。 ③ 若为电话通知取消，应记录客户的姓名、电话、通知时间和取消原因；若为函件通知取消，应将取消函件与原订单一起装订。 ④ 核实后，在“客房预订单”上加盖“取消”印章，送交前厅部。 ⑤ 原预订有接站、订餐等特殊要求的，在预订取消的同时及时通知有关部门。		
签阅栏		签收人请注意：在此签字时，表示您同意下述两点。 1. 本人保证严格按此文件要求执行。 2. 本人有责任在发现问题时，第一时间向本文件审批人提出修改意见。
相关说明		

编制人员		审核人员		审批人员	
编制日期		审核日期		审批日期	

三、VIP 预订服务标准

预订业务组服务标准与服务规范文件		文件编号		版本	
标题	VIP 预订服务标准	发放日期			

1．目的

为规范预订员 VIP 预订服务行为，提高 VIP 服务水平，特制定本标准。

2．适用范围

本标准适用于酒店的所有 VIP 预订事项。

3．接受预订

接受 VIP 预订时，预订员的服务程序与规范如下。

（1）当客户要求进行 VIP 预订时，预订员要问清楚客户的身份、职位，若符合 VIP 预订条件，应及时告知营销总监。

（2）营销总监同意后，填写“VIP 订单”，在订单上要填写客户的姓名、职位、公司名称、抵离日期、航班、房间类型和房价等信息。

（3）若客户有特殊的要求，预订员也应一一将其标注在订单上，不得有任何遗漏。

（4）订单填写完毕后，在订单上要加盖“VIP”印章，并将信息输入酒店预订系统内，然后将订单交前厅部接待处主管预分房间。

4．填写“VIP 接待通知书”

在填写“VIP 接待通知书”时，预订员要遵循以下服务程序和标准。

（1）预订员根据客户的身份确定接待标准，填写“VIP 接待通知书”。

（2）将“VIP 接待通知书”交由营销总监签字后，递交总经理审批。

（续）

<table>
<tr><td colspan="6">5. 下发“VIP 接待通知书”
在下发“VIP 接待通知书”时，预订员要遵循以下服务程序和标准。
（1）将总经理审批后的“VIP 接待通知书”下发给前厅部、客房部、餐饮部等相关部门。
（2）将订单和“VIP 接待通知书”存档，以备后查。</td></tr>
<tr><td>签阅栏</td><td colspan="2"></td><td colspan="3">签收人请注意：在此签字时，表示您同意下述两点。
1. 本人保证严格按此文件要求执行。
2. 本人有责任在发现问题时，第一时间向本文件审批人提出修改意见。</td></tr>
<tr><td>相关说明</td><td colspan="5"></td></tr>
<tr><td>编制人员</td><td></td><td>审核人员</td><td></td><td>审批人员</td><td></td></tr>
<tr><td>编制日期</td><td></td><td>审核日期</td><td></td><td>审批日期</td><td></td></tr>
</table>

第五节 预订业务组常用文书与表单

一、客房预订确认书

客房预订确认书

编号：

酒　　店：________________　　地　　址：________________

电　　话：________________　　传　　真：________________

预 订 号：________________　　日　　期：________________

________________先生 / 女士：

感谢您的预订，请确认如下订房信息。

客房预订确定表

<table>
<tr><td rowspan="3">预订人信息</td><td>预订人姓　名</td><td></td><td>旅行团号</td><td></td></tr>
<tr><td>抵达日期</td><td></td><td>时　　间</td><td></td></tr>
<tr><td>离店日期</td><td></td><td>时　　间</td><td></td></tr>
<tr><td rowspan="2">客房信息</td><td>房　数</td><td></td><td>房间类别</td><td></td></tr>
<tr><td>房　价</td><td colspan="3">□已含服务费　　　　□另加 15% 服务费</td></tr>
</table>

（续）

餐饮	□ 西式自助早餐	□ 西式午餐	□ 西式晚餐
	□ 中式早餐	□ 中式午餐	□ 中式晚餐
结算事项	□ 在客户抵达之前电汇全部款项，并传真汇款单 □ 离店之前由客户结清全部款项 □ 若客户未到，酒店将收取 50% 的押金作为损失费		
备注			
注意	1. 所有价格均为人民币标价。 2. 除非收到定金或保证书，否则订房只保留到当天下午六时，定金恕不退还。 3. 退房时间为正午十二时。 4. 有关此项预订的任何查询或变更，请联系酒店销售部。		

谢谢合作！

预订员：

二、会议接待通知单

填写人： 日期：____年__月__日

会议名称				
组织单位				
会议时间			人　数	
会议厅	贵宾厅	普通厅	会议室	其　他
标　　准		结算方式		
联系人		联系电话		
会议要求				
备　　注				
抄送：客房部、餐饮部、工程部、保安部、康乐部、总经理办公室				

三、宴会预订通知单

经办人：

预订日期：____年__月__日　　落实时间：____年__月__日__时__分

预订方信息				宴会服务要求
公司名称				
接洽者姓名		职　　位		
电　　话		传　　真		
宴会信息				
宴会形式				
举办日期				
宴会开始时间				
宴会完结时间				
举办地点				
保证人数				
预算人数				

宴会收费标准				
食物价格	每位		每席	
饮料价格	每位		每席	
杂项收费				
预计总消费金额				
预订付款方式	已收订金________元（大写：____________________________）			
账单寄送地址				
宴会销售主管意见	宴会销售主管：			
预订主管意见	预订主管：			

四、团队客房预订单

<table>
<tr><td colspan="4">基本信息</td></tr>
<tr><td colspan="4">团　　号：________________
本地旅行社：__________________________　　国籍：__________________________
抵店日期：______________　　航班：______________　　预抵时间：______________
离店日期：______________　　航班：______________　　预离时间：______________</td></tr>
<tr><td colspan="4">房间要求</td></tr>
<tr><td>单人房</td><td>房价</td><td>双人房</td><td>房价</td></tr>
<tr><td></td><td></td><td></td><td></td></tr>
<tr><td>三人房</td><td>房价</td><td>总人数</td><td>订金</td></tr>
<tr><td></td><td></td><td></td><td></td></tr>
<tr><td>免费房</td><td>佣金</td><td>陪同房</td><td>价格</td></tr>
<tr><td></td><td></td><td></td><td></td></tr>
</table>

五、团队变更通知单

填写人：　　　　　　　　日期：____年__月__日　　　　☐变更　　☐取消

<table>
<tr><td>团体名称</td><td colspan="5"></td></tr>
<tr><td>取消项目</td><td colspan="5"></td></tr>
<tr><td>变更项目</td><td colspan="5"></td></tr>
<tr><td>主宾人数</td><td></td><td>陪同人数</td><td></td><td>合计</td><td></td></tr>
<tr><td>抵店时间</td><td colspan="5">____月____日____次（航班）____时____分，自____抵店</td></tr>
<tr><td>离店时间</td><td colspan="5">____月____日____次（航班）____时____分，离店赴____</td></tr>
<tr><td>退房时间</td><td colspan="2">____月____日____时____分</td><td>通知人</td><td colspan="2"></td></tr>
<tr><td>接待单位</td><td colspan="2"></td><td>地　　陪</td><td colspan="2"></td></tr>
<tr><td>结算单位</td><td colspan="2"></td><td>付费方法</td><td colspan="2"></td></tr>
<tr><td>客　　房</td><td colspan="2">☐单间　☐标准间　☐套间</td><td>金额（元）</td><td colspan="2"></td></tr>
<tr><td>餐　　饮</td><td colspan="2"></td><td>金额（元）</td><td colspan="2"></td></tr>
<tr><td>其他服务</td><td colspan="2"></td><td>金额（元）</td><td colspan="2"></td></tr>
<tr><td>陪同签字</td><td colspan="2"></td><td>合计（元）</td><td colspan="2"></td></tr>
<tr><td>客户要求</td><td colspan="5"></td></tr>
<tr><td>备　　注</td><td colspan="5"></td></tr>
</table>

抄送：

六、会议变更通知单

填写人：　　　　　　　　　　　　日期：____年__月__日　　　　　　□变更　　　□取消

<table>
<tr><td>会议名称</td><td colspan="4"></td></tr>
<tr><td>变更 / 取消原因</td><td colspan="4"></td></tr>
<tr><td>变更项目</td><td colspan="4"></td></tr>
<tr><td>组织单位</td><td colspan="2"></td><td>人数</td><td></td></tr>
<tr><td rowspan="2">会议厅</td><td>贵宾厅</td><td>普通厅</td><td>会议室</td><td>其他</td></tr>
<tr><td></td><td></td><td></td><td></td></tr>
<tr><td>标准</td><td></td><td>结算方式</td><td colspan="2"></td></tr>
<tr><td>联系人</td><td></td><td>联系电话</td><td colspan="2"></td></tr>
<tr><td>客户要求</td><td colspan="4"></td></tr>
<tr><td>备　　注</td><td colspan="4"></td></tr>
<tr><td>呈　　报</td><td colspan="4">总经理、副总经理</td></tr>
<tr><td>报　　送</td><td colspan="4">总经理办公室、客房部、餐饮部、工程部、保安部、财务部、前厅部</td></tr>
</table>

七、宴会变更通知单

发文日期：____年__月__日

<table>
<tr><td colspan="3">宴会变更通知单
宴会名称：__________________
场地：__________ 日期：__________
联络人：__________ 电话：__________</td></tr>
<tr><td>变更项目</td><td>原　　案</td><td>变更为</td></tr>
<tr><td>日　　期</td><td></td><td></td></tr>
<tr><td>时　　间</td><td></td><td></td></tr>
<tr><td>人数 / 桌数</td><td></td><td></td></tr>
<tr><td>场　　地</td><td></td><td></td></tr>
<tr><td>餐　　价</td><td></td><td></td></tr>
<tr><td>其他变更</td><td colspan="2"></td></tr>
<tr><td>宴会销售组负责人</td><td colspan="2"></td></tr>
<tr><td>抄　　送</td><td colspan="2">□总经理　□餐饮部　□前厅部　□财务部
□保安部　□采购部　□工程部　□西厨　□中厨　□花房</td></tr>
</table>

八、费用减免申请书

费用减免申请书

日期：____年__月__日

客户姓名：________________ 职务：________________ 单位：________________

抵店日期：________________________ 交通工具：________________________

离店日期：________________________ 交通工具：________________________

房间数量：________________________ 房间种类：________________________

1. 申请项目（见下表）

费用减免项目表

项目	全价	免费	抹零	折扣
客房				
餐饮				
洗衣				
娱乐				
其他				

2. 申请原因：________________________________

3. 结账方式

（1）客户离店前付清

（2）转账至：________________________________

4. 备注：________________________________

5. 报送：财务部经理、前厅部经理

6. 说明

（1）正本报分管副总经理或总经理签字批准后交前厅部经理。

（2）客户登记人住后，正本附在客户登记卡后交至前厅收银处。

申请人：________________ 负责人意见：________________

九、网络预订确认单

<table>
<tr><td colspan="6">酒店网上预订部　　　　传真：__________　　电话：__________</td></tr>
<tr><td colspan="6">至：__________　　　　传真：__________
公司：__________　　　　事由：__________
订单号：______</td></tr>
<tr><td>客户姓名</td><td colspan="2"></td><td rowspan="2">住宿时间</td><td colspan="2">入住：____年__月__日</td></tr>
<tr><td>房间类型</td><td colspan="2"></td><td colspan="2">离店：____年__月__日</td></tr>
<tr><td>早　　餐</td><td></td><td>房价及有效期</td><td></td><td>房间数</td><td></td></tr>
<tr><td>付款方式</td><td colspan="5">前台现（返佣），总计金额：____元（含服务费）</td></tr>
<tr><td>抵达时间</td><td colspan="2">客人约在____到达酒店</td><td>交通工具</td><td colspan="2">客人将乘坐____到店</td></tr>
<tr><td>预订人</td><td colspan="2"></td><td>时　　间</td><td colspan="2">____年__月__日</td></tr>
<tr><td colspan="6">我们已经收到您的预订通知单，现根据您的要求安排房间，特此确认！
酒店预订单号（确认号）：__________</td></tr>
<tr><td colspan="6">□ 本单确认　　　　□ 本单不确认（说明：__________________）</td></tr>
<tr><td>备注</td><td colspan="5">以下房型如果____年__月__日满房，请打“√”选择，谢谢！
□ 全部房型　□ 日式标间　□ 标准间　□ 会所标间
□ 高级套间　□ 豪华套间　□ 其他房型
房间状态预报直线电话：____________________</td></tr>
</table>

第六节　预订业务组服务质量提升方案

一、预订异常处理方案

标　　题	预订异常处理方案	文件编号		版本	
执行部门		监督部门		考证部门	

一、目的

为妥善处理预订员在办理预订服务过程中可能出现的异常情况，降低因异常处理不当造成的客户流失和酒店损失，特制定本方案。

二、适用范围

本方案适用于酒店客房、餐位、会场、车辆等预订异常情况的处理。

三、客房预订异常情况处理

1．客房预订发生重复订房或客户要求增加预订客房的数量时，预订员要先与客房部沟通，了解酒店在预订时间的房态。

（1）若有空房，考虑为客户换房或升级换房。

（2）若房满，则在征求客户意见的前提下，代其预订附近其他同档次的酒店，同时向客户说明本酒店何时会有空房安排给客户，并征询客户是否需要接送，若有需要可酌情减免车费。

2．若出现客户取消客房预订的情况时，预订员要先确认客户取消预订的时间。

（1）若客户提前取消订房，未给酒店客房的出租造成损失，应立即填写“客房预订变更通知单”，并于第一时间通知相关接待部门经理取消预订。

（2）若客户临时取消订房，给酒店造成经济损失，应立即填写“客房预订变更通知单”，并报告营销部经理。由营销部经理同接待部门经理协商，合理收取客户因取消预订而造成的损失费用。

四、包房、餐位预订异常情况处理

1．在餐厅包房、餐位预订发生冲突或客户要求增加人数、餐位时，预订员要先与相关餐厅负责人沟通，确认该餐厅是否还有空闲的包房、餐位。

（1）若有空闲的包房、餐位，在征求客户意见后为其重新办理包房、餐位预订手续。

（2）若没有空闲的包房、餐位或不能满足客户的要求，向客户道歉后可推荐客户到其他餐厅或附近其他酒店的餐厅。

2．若出现客户取消订餐的情况时，预订员要先确认客户取消订餐的时间。

（1）若客户提前取消订餐，未给酒店造成经济损失，应立即填写“订餐预订变更通知单”，并于

（续）

第一时间通知相关接待部门经理取消预订。 （2）若客户临时取消订餐，给酒店造成经济损失，应立即填写“订餐预订变更通知单”，并报告营销部经理。由营销部经理同接待部门经理协商，合理收取客户因取消预订而造成的损失费用。 五、会场预订异常情况处理 1．若会场预订出现重复或冲突时，按“先到先得”的原则在内部予以协调，预订员应尽力说服后预订会场的客户更换场地。 2．若出现客户取消会场预订的情况时，预订员要先确认客户取消会场预订的时间。 （1）若客户临时取消订场，未给酒店造成经济损失，应立即填写“会场预订变更通知单”，并于第一时间通知相关接待部门经理取消预订。 （2）若客户临时取消订场，给酒店造成经济损失，应立即填写“会场预订变更通知单”，并报告营销部经理。由营销部经理同接待部门经理协商，合理收取客户因取消预订而造成的损失费用。 六、订车异常情况处理 1．在预订有冲突的情况下，与车队队长沟通，在有其他车辆可代替的情况下，给客户换车。 2．在没有其他车辆可代替的情况下，由车队代为客户租车，若对外租车价格与酒店出租车辆给客户的价格有差价，则由造成预订冲突的人员承担差价。 七、重大异常事件处理 若事件性质比较严重，客户不接受协调时，应立即报告营销部经理或相关权限领导，请示总经理后，再作处理。	
相关说明	

二、预订咨询报价方案

标　题	预订咨询报价方案		文件编号		版本	
执行部门		监督部门		考证部门		
一、目的 为了规范预订员对客户的报价咨询工作行为，提升其预订服务报价技巧，特制定本方案。 二、适用范围 本方案适用于所有预订咨询报价事项，包括客服预订、宴会预订、旅行社预订、会议预订等。 三、含义界定 本方案中涉及的预订员具体包括酒店预订处、旅行社销售组、会议销售组、商务销售组、宴会销售组的所有人员。						

（续）

四、预订咨询报价策略

预订员在向客户提供预订咨询报价时，可以采用以下几种策略。

1. 高低趋向报价

这是为讲究身份、地位的客户设计的报价策略，其运用规则见下表。

高低趋向报价策略使用规则

序号	高低趋向报价策略使用规则
1	向客户报明酒店的最高房价，让客户了解酒店所提供客房的最高房价以及与其相配的环境和设施
2	当客户对此不感兴趣时，再转向销售较低价格的客房
3	在使用这种策略时，预订员要善于运用语言技巧说服客户，高价伴随着高级享受，诱使客户作出购买决策
4	在运用这一报价策略时，预订员所报的高价应相对合理，不宜过高

2. 低高趋向报价

这种报价可用来吸引那些对价格做过比较的客户，这种报价策略有利于酒店提高竞争优势。

3. 交叉排列报价

这是一种将酒店所有现行价格按一定排列顺序提供给客户的报价策略，即先报最低价格，再报最高价格，最后报中间价格，让客户有选择适中价格的机会。这样做酒店既坚持了明码标价的原则，又维护了商业道德，既方便客户在整个房价体系中自由选择，又增加了酒店出租高价客房，获得更多收益的机会。

4. 选择性报价

采用此类报价策略要求预订员及时判断客户的支付能力，能客观地按照客户的兴趣和需要，选择适当的房价范围，一般报价不能超过两种以上，以避免客户犹豫不决。

5. 利益引诱报价

这是一种对已预订了一般房间的客户采取给予一定附加利益的策略，使他们放弃原先预订的客房，转而预订较高档次的客房。

6. “三明治”报价

这是一种将价格置于所提供的服务项目中以减弱直观价格的分量从而增加客户购买可能性的报价策略。此类报价一般由预订员向客户口头描述报价，强调酒店所提供的服务项目符合客户的利益。

7. 灵活报价

这是一种根据酒店现行价格及规定的价格浮动幅度向客户灵活报出价格的一种策略。其中，价格浮动幅度一般是由酒店主管价格的部门根据酒店的实际情况规定的，要求预订员可在一定价格范围内适当浮动，灵活报价，满足客户的需求，使客房出租率和经济效益达到理想水平。

相关说明	